仏教に
できること

仏教にできること

――躍動する宗教へ

正木 晃
Akira Masaki

仏教にできること
——躍動する宗教へ

目次

装丁…福田和雄（Fukuda Design）

第１章　我執の病―人格障害

嫌な事件

ここ一〇年来、かつてなかった「嫌な事件」が続出している。

もう少し具体的にいえば、一九九五年のオウム真理教による地下鉄サリン事件。九八年の神戸の小学生連続殺害事件。二〇〇〇年の新潟の少女監禁事件、愛知県豊川市の主婦刺殺事件、佐賀の西鉄バスジャック事件、岡山の金属バット殺傷事件、大分の一家六人殺傷事件。二〇〇一年の大阪の池田小学校児童殺傷事件。二〇〇三年の長崎の幼児突き落とし事件等々をへて、二〇〇四年の東京新宿の幼児突き落とし事件や佐世保の女児殺害事件、二〇〇六年の秋田の連続幼児殺害事件…記憶に新しいのは、今年（〇七年）一月に起こった東京渋谷の歯科医院の浪人生による実妹バラバラ殺害事件、同じく渋谷のいわゆるセレブ妻による夫バラバラ殺害事件であろうか。

さらにさかのぼれば、一九八八年の宮崎勤による連続幼女誘拐殺人事件や八九年の東京足立区で起きた女子高生監禁コンクリート詰め事件あたりが、この種の「嫌な事件」の発端かもしれない。

私があえて「嫌な事件」と述べている理由は、主として二つある。

一つは、事件のほとんどが「少年犯罪」だからである。例外になるサリン事件を起こした麻原彰晃とその弟子たちにしても、新潟の少女監禁事件の犯人にしても、池田小学校事件を起こした宅間守にしても、年齢的にはいい大人なのに、どこか特有の、かつ悪い意味での、子どもっぽさがあるのは否めない。

もう一つは、事件の動機や背景がよくわからない。少なくとも、いままでの常識ではとても理解できないからである。

この二つがあいまって、いいしれぬ不気味さが、これらの事件につきまとっている。

ただし、少年犯罪については、ぜひ知っておいていただきたいことがある。それは、近年になって少年犯罪が増えているわけではないという事実だ。たとえば、殺人・強盗・強姦・放火の四大犯罪をおかした少年「凶悪犯」の数は、一九六〇年の八一一二人をピークとして、八七年には一六三〇人にまで減少した。九〇年代に入ると微増微減を繰り返し、二〇〇〇年代の初頭にやや増えたものの、目立って増えているとはいえない。また、現時点でいうと、日本における少年犯罪の発生率は、世界水準からすれば際立って低い。

むしろ、いま大人になっている人たちがまだ子どもだった頃のほうが、よほど少年による凶悪犯罪は多かったのである。ちょっと話が横に逸《そ》れるかもしれないが、この一〇年、少年による万引きは減少しているのに、大人による万引きは倍増しているという統計資料が警察庁から出ている。これはいったい、どういうことなのだろうか。考えさせられる。

不登校・引きこもりと同根か？

しかし、こういう事実にもかかわらず、私たちはほぼ共通して最近の少年や子どもたちの動向に、不気味なものを感じている。しかも、いつ、なんどき、自分が事件に巻き込まれるか、わからないという不安を抱いている。

その原因は、私が先ほど「嫌な事件」と呼ぶ理由としてあげておいた後者のほう、すなわち事件の動機や背景がよくわからない、少なくともいままでの常識ではとても理解できないというところにある。

逆にいえば、かつての犯罪の大半には、誰でもすぐ理解できる動機や背景があった。経済的な困窮《こんきゅう》や社会的な差別である。少年犯罪も、この点はなんら変わらなかった。金がなくて食えなくて犯罪におよび、差別された怒りや悲しみから人を殺したり傷つけたりした。変な表現で恐縮だが、かつての少年犯罪にはそれなりの「必然性」があった。

少年犯罪が一九六〇年をピークに、その後いちじるしく減少したのは、非常に象徴的である。なぜなら、昭和三五年に当たるこの年から、日本は高度成長期に突入し、経済的に物質的に豊かになっていったからである。差別の問題も、かつてに比べればましになっていった。その結果、少年犯罪もまた、減少していった。

この点からいえば、私が「嫌な事件」として列挙した事件は、いずれも高度成長期を過ぎて、バブル経済以降に起きたものばかりである。

ご承知のとおり、バブル経済は一九八九年あたりをピークにして、その後は急速にはじけ、いわゆる「失われた一〇年」となる。したがって、「嫌な事件」は、バブルのピーク近くから起きはじめ、バブル崩壊と失われた一〇年、そしてそこから立ち直りつつある（?）現在の状況のなかで、連鎖的に起きたことになる。

ちなみに、不登校の第一号は、高度成長期に入る前年の一九五九年（昭和三四年）に報告された。その後は微増の傾向をつづけ、バブル崩壊とともに激増して、社会的引きこもりを合わせれば、一二〇万人とも二〇〇万人ともいわれる今日の状況に至っている。

この事実を見れば、「嫌な事件」と不登校・引きこもりが同じ根から出ていることは、疑いようがないのではないか。

良い家庭の普通の子が

ところで、「嫌な事件」には、すでに指摘したとおり、少年による犯罪および動機や背景がわからないという点のほかにも、以下にあげるような共通性がある。

・外から見ている範囲では安定し恵まれた環境にある家庭の少年が、事件を起こしている。
・一見しただけでは「普通の子」が、事件を起こしている。
・重大な犯罪を犯したにもかかわらず、反省もなく、ましてや苦悩することもない。
・相手をただ殺すだけでなく、過剰にその肉体を傷つけ破壊している。

ようするに、いわゆる不良少年ではなく、良い家庭の普通の子が、とんでもない事件を起こしているのである。実はこのことが、私たちに少年犯罪が激増し凶悪化しているという錯覚をあたえている。また、いつ、なんどき、自分が事件に巻き込まれるか、わからないという不安を抱かせる原因となっている。

それは、こういうことである。かつては、経済的に困窮し社会的に差別された領域に、犯罪が多発していた。いいかえれば、そういう領域にかかわらないかぎり、自分が犯罪に巻き込まれる可能性は低かった。

ところが、現在ではこの論理はもはや通用しない。特定の領域で、犯罪が起こるとは限らない。「まさか!」が現実になってしまうのである。だから、これまで犯罪被害とはほとんど無縁だった普通の人たちからすれば、犯罪に遭遇する確率は、かつてより大きくなっているかもしれない。昨今、犯罪被害者の救済にまつわる問題が急速に浮上しつつあるのも、同じ原因があるといっていい。

精神鑑定

犯罪行為の動機や背景がよくわからないとなると、必ずおこなわれるのが「精神鑑定」である。精神鑑定がどこまで正しいのか、有効なのかをめぐっては、さまざまな論議がある。かくいう私自身も、精神鑑定に全面的な信用はおきがたいと考えている。その主な理由は、おおむね三つほどある。

一つ目は、被験者に精神科医が翻弄《ほんろう》されているケースがままあること。二つ目は、その精神科医が属している学閥や師弟関係に、結果が左右されがちに見えること。三つ目は、精神科医も医者であるからには、患者（この場合は犯罪者＝被験者）の救済を第一義に考えるため、ともすると被験者に同情的になりがちにおもえること、などである。

たとえば、連続幼女誘拐殺人事件を起こした宮崎勤のケースでは、三人の精神科医がそれぞれまったく異なる所見を出している。そして、その裏にいま指摘したような事情が見え隠れする。

しかし、犯罪行為の動機や背景がよくわからない場合、ほかにこれといって有効な手段が見当たらない以上、精神鑑定に頼らざるをえないのも、また現実である。ただ、その場合でも、精神鑑定をそのまま鵜《う》呑《の》みにするのは大変まずい。あくまで、犯罪行為の動機や背景を解明するための一助とするという見識は必要だろう。

この点に関連して、私の恩師でもある宗教学者の山折哲雄・前国際日本文化研究センター所長は、口癖のごとく、こういう。

「学問分野において戦後の日本をミスリードしてきた元凶は、心理学と社会学だ。人間性の深遠を、あたかもすべて解明できる、説明できるかのように、振る舞ってきたが、その実、人間性を、自分たちが構築した卑小なモデルケースに、むりやり当てはめて、全部わかったと主張してきたにすぎない。傲慢《ごうまん》の極みといわざるをえない」

私もまったく同感だ。人間性の闇、マスコミ用語でいえば「心の闇」（私にいわせれば「心身の闇」）は、そう簡単には解明できない。というより、理解不能なことは永遠に残るにちがいない。人間は人間のすべてを了解しがたい、そういう宗教的ともいえる認識が必要なのではないか。

ところが、精神医学もまた、心理学や社会学と同じ轍《てつ》を踏もうとしている。この点には、十分な注意が欠かせない。だから、精神鑑定によって、すべてが解明されるなどという幻想は、もたないほうがいい。

人格障害

もちろん、以上のような限定条件付きであれば、精神医学が有効であることは論をまたない。精神医学をあたまから否定するのは、これまた愚の骨頂といわざるをえない。

さらに最近では、仏教的な智恵を、精神医学と結びつけようという精神科医もあらわれている。不登校・引きこもりを未然に防ぐ運動を、展開している森下一《もりしたはじめ》氏などが、その典型である。森下氏は、龍樹《りゅうじゅ》の「空《くう》」と親鸞の思想を、みずからの根幹に据えて、行動しつづけている。

その森下一氏をはじめ、精神医療の現場と深くかかわってきた精神科医のなかから、ここ数年、日本の子どもと若者たちが、以前にも増して危機的な状況に入りつつあるという指摘が出ている。具体的にいうと、家庭や学校で異常な行動をしめして、心療内科や精神神経科を訪れる小学生や中学生、高校生の数が激増しているのである。最近では、幼稚園の園児までが、親にも保母さんにもどうにも手に負えないといって、連れてこられる。

すぐキレル。極端に暴力的。反対に自分の意志をまったく表現できない。うつ症状。徘徊《はいかい》する。自分の欲しいモノがあると、なんら遠慮会釈なしに他人から奪い取ってしまう子……。

たとえば、なにかメモをしたいときに、たまたま自分がボールペンをもっていなかったとする。以前だったら、もっている子に、「ボールペンをもっていないので、貸して」といって、借りたものだった。しかし、いまでは、そんな過程をへずに、いきなり他人のボールペンを奪い取ってしまう子が少なからずいる。理由もわからずいきなり取られそうになった子は当然、拒む。すると、殴る蹴るの暴力に訴える。行動が唐突で、極端なのである。

そこには、いくら子どもといえども、守らなければならない人間としての、最低限の行動規範すら全然ない。あるのは、むき出しのエゴだけだ。

こういう子どもや若者たちを、精神科医たちは「人格障害」の疑いがあるとみなしている。

人格障害とは、「人格の極端な偏《かたよ》りによって、自分自身もしくは社会がマイナスの影響をこうむる障害」である。以前は「精神病質」と呼ばれていた。

どこの地域にも職場にもいる、いわゆる「困った人」…自己主張ばかりしたり自己顕示欲が突出したりする人。その逆に自分を全く主張できず、他人のいいなりになったり、ちょっとしたきっかけで引きこもったりする人。あるいは頭は良いのに、とても子どもっぽかったりする人。いずれにしてもエゴがむき出しで、行動様式が全か無かになりやすく、とかく極端な行動に走る。他人に迷惑をかけ、自分も生きづらい。そういう人たちが実は人格障害である場合が少なくない。

そして、冒頭にあげた「嫌な事件」を起こした当事者たちの多くも、人格障害が疑われるのである。

仏弟子のなかにも

この障害の本質は「誰も信じられない、愛せない」ことにある。精神医学の用語でいえば「自己愛の病」であり、仏教の用語でいえば「我執《がしゅう》」の病になる。

仏教といえば、実は仏弟子のなかにも、この人格障害の疑いが濃い人物がいる。ブッダの最期を語る『マハーパリニッバーナ経（大般涅槃経《だいはつねはんぎょう》）』の、これまた最後の部分に登場するチャンナという名の修行僧である。

涅槃を目前にひかえたブッダは、このチャンナに対して、特別な措置を講じる。それを要約すると、以下のようになる。

ブッダは「私が亡くなった後には、修行僧チャンナに〈清浄な罰〉を加えなさい」と命じた。アーナンダが〈清浄な罰〉というのは、具体的にはどういう罰ですかと尋ねると、ブッダはこう答えた。「チャンナは、自分のおもうことを何でもいっていい。しかし、修行僧たちは、チャンナに話しかけてはならないし、訓戒してはならないし、教え諭《さと》してはならない」と。

ご存じのとおり、ブッダは最期をむかえるにあたって、弟子たちに子細にわたる指示を出している。その大半は、今後の教団をどうするか、というような大局的な視点からの指示である。ところが、そこにやや唐突な感じで、チャンナという個人の名前が出てくる。

ということは、この人物の言動が、教団内でよほど物議をかもしていたにちがいない。赤沼智善氏の『印度仏教固有名詞辞典』によれば、チャンナはたいそう気むずかしく、かたくなで、教団の内部にあっても他人と協力せず、とかく摩擦や抗争を起こしたという。いわゆる「困った人」だったらしい。現代なら、チャンナは人格障害という診断がくだるかもしれない。

そういうチャンナ対策は、ブッダの言葉を読むかぎり、ようするに「相手にするな！」ということである。おそらく、ブッダ以外の誰のいうことも聞かなかったので、そのブッダの入滅後は、相手にしてはいけないという顛末になったのであろう。それにしても、ブッダが最後の最後で命じたのだから、チャンナの困った人ぶりも、想像を絶するくらい凄まじかったに相違ない。

伝承によれば、こういう措置を講じられて以後、チャンナは態度を改めたというが、果たして事実はどうであったか…。

三つの群と一〇の型

ひとくちに人格障害といっても、その内容はさまざまある。現在、精神医学全般にわたって最も権威のある診断基準は、アメリカ精神医学会が定めたDSM―(Ⅳ)(『診断と統計のためのマニュアル』第四版)だが、それによれば、人格障害はA・B・Cの三つの群(グループ)と一〇の型(タイプ)に分けられる。(岡田尊司『人格障害の時代』平凡社)

A…オッド・タイプ(風変わりなタイプ)群

非現実的な思考にとらわれやすく、自我の安全を脅かされやすい傾向をもつ。ただし、人格障害としては、必ずしも重症とはいえない。統合失調症(精神分裂病)と近縁性がある。

①妄想性人格障害　②統合失調症型（スキゾタイパル）人格障害　③統合失調質（シゾイド）人格障害

Ｂ…ドラマティック・タイプ（劇的行動タイプ）群

最も「人格障害的」な人格障害のタイプ。人目を引きやすい劇的行動や衝動性を特徴とする。自己顕示が強烈で、他人を自分のおもいのままに操ろうとする傾向が強い。また、気分の変動をともないやすい。

④自己愛性人格障害　⑤演技性人格障害　⑥境界性人格障害　⑦反社会性人格障害

Ｃ…アンクシャス・タイプ（不安感の強いタイプ）群

最も軽いタイプ。神経質だが、穏やかで、ちょっと見では人格障害とはおもえない。自分の本心をすなおに出しにくい。他人に依存しやすく、したがって他人の言動に振り回されやすい。

⑧回避性人格障害　⑨依存性人格障害　⑩強迫性人格障害

ブッダを悩ませたチャンナは、以上の群や型に当てはめるなら、Ｂのドラマティック・タイプに入る可能性が高い。たいそう気むずかしく、かたくなで、教団の内部にあっても他人と協力せず、とかく摩擦や抗争を起こしたというから、おそらく自己愛型人格障害だったのだろう。

ワーグナーもサルトルも宅間も

　ここでは、いちばん人格障害らしい人格障害にほかならないBのドラマティック・タイプ（劇的行動タイプ）群を取り上げて、考えていこう。「嫌な事件」を引きおこした当事者はこのB群、とりわけ反社会性人格障害に属している可能性がきわめて高い。

　B群には、すでに示したとおり、自己愛性人格障害・演技性人格障害・境界性人格障害・反社会性人格障害の、四つのタイプが含まれる。

「自己愛型人格障害」は、とにもかくにも自分は優れていて特別なので、何をしても許されるべきだとおもい込んでいる。このタイプの人からすれば、他人はすべて自分を称賛するために存在する。当然、ひどく傲慢《ごうまん》で、一方的である。たとえ他人が自分のために、どんな損害をこうむろうが、まったく心痛まない。つまり、他人に共感するということが全然ない。それなのに、内面的にはすこぶる不安定で傷つきやすく、ちょっとでも他人から非難されたりすると、烈火のごとく怒り狂う。前記の岡田氏によれば、作曲家のワーグナーや哲学者のサルトルが、典型的な例だという。私はそのほかに、ヒットラーやスターリン、毛沢東なども、自己愛型人格障害だったのではないかと考えている。

「演技性人格障害」は、自分の性的な魅力を過剰に振りまきたがる。他人を性的に誘惑しつづける。このタイプの人にとって、性的な魅力に満ちあふれていると称賛されることほど、嬉しいことはない。したがって、その行動は、俗にいう淫乱、色情狂的になる。また、自分に他人の関心を集めたいがために、嘘をよくつく。虚栄心も異常に強い。ロック歌手のマドンナが典型的な例である。もちろん、マドンナは意識してセックス・シンボルを演技しているのだが、通常の演技がなにかを真似することで成り立っているのとはちがって、彼女の演技は彼女の人格そのものが要求しているのではないか。

「境界性人格障害」は、ひとことでいってしまえば、「いましかない！」。五分前まで上機嫌だったのに、他人からすれば全く些細なことでアッという間に不機嫌になり、ひどいときには自殺を図ったり、他人を殺そうとすることさえある。情緒面や対人関係はきわめて変動が激しく、他人を自分の意のままに操ろうとする。それがうまくいかないと、指摘したような極端な行動に出る。「境界（ボーダーライン）」という言葉は、もともと精神病レヴェルと神経症レヴェルの「境界」を意味していたが、現在ではいま説明したタイプの人格障害に対して用いられるようになっている。ここ二〇年ほど前から、臨床の現場では多発していると報告されていて、どこの学校でも職場でもかなりの頻度で見かける。

「反社会性人格障害」は、文字どおり反社会的な精神の持ち主である。他人に対する愛情や信頼はゼロ、平気で他人を裏切り傷つける。他人に対していかなる残虐行為を働いたとしても、良心の呵責《かしゃく》は全然感じない。その人生は、社会全体に対する異常な復讐心で彩られている。典型的な例としては、池田小学校で多数の児童を殺害して処刑された宅間守があげられる。オウム真理教の麻原彰晃も、このタイプの人格障害だとみなす見解がある。

母子関係が原因か？

さて、人格障害の原因が問題である。もちろん、これも一つではありえない。

Aのオッド・タイプ（風変わりなタイプ）群の場合は、環境要因のほかに、遺伝的な素因が想定される。しかし、Bのドラマティック・タイプ（劇的行動タイプ）群とCのアンクシャス・タイプ（不安感の強いタイプ）群の場合は、遺伝的な素因はあまり大きくなく、環境要因がはるかに大きいとみなされている。

ここで論じているB群に属する人格障害の原因は、その大半が環境要因である。つまり、養育環境の影響が大きい。はっきりいえば、家庭に問題があるということだ。幼少時期に十分な愛情をそそがれず、当然あるべき保護も不足していたために、自己愛が傷つき、その結果、基本的な信頼感がはぐくまれず、誰も信頼できない人格が形成されるのである。

自己愛（ナルシシズム）について解説しておけば、自分を愛するという行為そのものは、健全な心の発達にとって欠かせない。しかし、それも度を越して病的に肥大化してしまうと、人格障害を引き起こす。

では、人格障害の芽は、いつ、どこで頭をもたげるのか。

この点については、有力な仮説がある。前出の精神科医の森下一氏によれば、赤ちゃんが一歳から一歳半くらいの時期の母子関係こそ、人格障害になるかならないかの分かれ目だという。

一歳くらいの赤ちゃんは、お母さんが二人いると考えているらしい。自分に美味しいオッパイを飲ませてくれる優しいお母さんと、むずかったときなど自分を叱る怖いお母さんの、二人である。むろん、同じ母親が、時と場合によって、優しかったり怖かったりするのだが、一歳くらいの赤ちゃんではそれを正しく認識できない。

それが健常な愛情が十分にそそがれていくと、一歳半くらいの時期で、赤ちゃんは、実は同じ一人の母親が優しかったり怖かったりすると、正しく認識できるようになる。難しくいうと、人格の統合ということが起こる。こうして、赤ちゃんは初めて自分以外の存在を認識する。そして、このことがきっかけとなって、次にはお父さんを認識し、兄弟姉妹を認識するというぐあいに、家庭を構成する人々を認識し、やがて血のつながらない人々の存在まで正しく認識できるようになっていく。

ところが、一歳から一歳半くらいの、この大事な時期に、なんらかの原因でつまずいてしまうと、事態は暗転する。母親の人格を統合できなかった赤ちゃんは、他人を正しく認識できない人間になってしまう。しかも、以上のプロセスは、いわゆる精神論ではない。大脳の発達と深く関係しているので、あとでなんとか挽回しようとしても、うまくいかない。なにしろブッダですら手を焼いたのである。私たち凡人が対処するには非常に難しい。

空の理論

この、一歳から一歳半にかけての時期に、母子の間で起こるプロセスを、仏教からアプローチし、検証してみよう。

結論から先にいえば、この、一歳から一歳半にかけての時期に、母子の間で起こるプロセスは、「空《くう》」の理論とみごとに一致する。

空の理論は、ご存じのように、龍樹《りゅうじゅ》（ナーガールジュナ）が基礎をきずきあげた理論で、大乗仏教の根幹をなすといってもいい。もっとも、空をどう解釈するか？　をめぐっては、古来、侃々諤々《かんかんがくがく》の論争がある。ここでは私が敬愛する立川武蔵氏（愛知学院大学教授）の考え方に沿って、お話ししていきたい。

立川氏によれば、空の理論は、「まったき無《む》」をめざして無限に繰り返される否定のすべての段階において、そのつど新しい自己のよみがえりが可能であることをしめしている（『空の思想史』講談社学術文庫）。ごく簡潔に表現するなら、否定をとおして初めて自己は育まれていくという意味である。我執《がしゅう》を克服していくプロセスといってもいい。

ただし、否定に耐えるだけの力をあらかじめもっていなければ、いいかえれば自分というものをもっていなければ、さらにいいかえれば自分というものを否定的にしか把握できていないならば、龍樹のいう否定は正しく機能しない。あらゆる否定に耐えうる力、それこそが菩提心である。大乗仏教が修行や勉学に先立ってまず菩提心の有無を確認するのは、まさにこのためにほかならない。

この考え方は、森下一氏の主体性をめぐる考え方とも一致する。森下一氏によれば、人は、自分自身を客観的に見ることができて初めて、他人との健常な関係がきずける。自分自身を客観的に見るためには、主体性がはぐくまれていなければならない。そして、主体性は、否定のプロセスをへなければ、生まれてこない。

しかし、否定、否定ばかりでは、うまくいかない。否定の意味を正しく認知するためには、その前に肯定がなければならない。もし、肯定のプロセスがなく、否定のプロセスばかりならば、自我は萎縮し、成長していかない。萎縮して成長を止めた自我は、ちょっとしたことをきっかけに反転して、我執の虜《とりこ》となる。

逆に、肯定、肯定ばかりでも、うまくいかない。肯定のプロセスばかりで、否定のプロセスがなければ、自我は幼稚なかたちのままで肥大化するばかりである。むろん、この場合も我執の虜となる。

母子関係に立川氏と森下氏の理論を当てはめれば、赤ちゃんにとっては、母親から叱られることが否定を意味する。母親から叱られることで、赤ちゃんは成長する。しかし、叱られる前に、赤ちゃんは母親から十分に愛されている必要、つまり肯定されている必要がある。十分に愛されていない状態で叱られたら、健常な自我は育たず、主体性ははぐくまれない。かといって、甘やかされたままでは、自我は幼稚な状態からいつまでたっても抜け出せない。

だから、賢い母親は、愛して叱り、叱って愛する。こうして、赤ちゃんは、我執の虜とならず、健常な成長を遂げていく。

じつは、こういう肯定と否定を繰り返して、主体性をはぐくみ、成長していくプロセスは、一歳から一歳半にかけての時期にとどまらない。大きくいえば、人間の一生におよぶ。なかでも、成長期ではとりわけ大きな意味をもっている。したがって、一歳から一歳半の時期に母子関係がうまく機能していれば、もうすでに基礎ができているので、かなりきつい状況に遭遇しても克服できる。しかし、そうでないと、一見は健常に成長しているようにおもえても、成長期のどこかで破綻をきたし、我執の虜となって、人格障害になる可能性が高くなる。

孤立する母親

少し話をもどさせていただこう。さきほど「なんらかの原因でつまずいてしまうと、事態は暗転する」と述べた。このときの「なんらかの原因」とは、大半の場合、母親から健常な愛情が十分にそそがれない状況を意味している。

では、母親から健常な愛情が十分にそそがれない状況が生まれてしまう原因はどこにあるのか。この答えも、一つではありえない。

まず頭に浮かぶのは、母親自身に問題がある場合だ。この場合も、そもそも人格に問題がある場合もあれば、環境が悪いので母親に問題が生じている場合もある。後者の場合は、夫が育児に協力的でないとか、ほかの家族、たとえば姑《しゅうとめ》とうまくいっていないとか、いろいろ考えられる。

しかし、仮に母親に問題があったとしても、かつての日本の社会はそれを補うすべを知っていた。なぜなら、日本の伝統社会では、子育ては生みの親だけの問題ではなかったからである。祖父祖母からはじまって叔父伯母、さらに地域の大人たちが、子育てにかかわっていた。隣近所の年長の子どもさえ、子育ての一端をになっていた。

だから、たとえ親の出来がいささか悪くても、みんなで支えて、子どもは立派に育っていった。いわば複眼の子育てが、そこにはあった。多くの人々が支えるのだから、多くの肯定のプロセスと否定のプロセスがあった。その多様な体験が、日本人を情緒豊かな知性あふれる人間にはぐくんできた。もちろん、こういう人間関係は、一面では煩《わずら》わしく、うっとうしいことも多々あった。しかし、少なくとも子育てに関する限り、マイナスの部分を補って足るものだった。

ところが、高度成長期をむかえるころから、こういう人間関係は徐々に失われていった。まず地域の連帯が崩れた。核家族化して、祖父祖母や叔父伯母が家庭から消えた。次に父親がサラリーマン化して、家庭から消えた。少子化によって、兄弟姉妹がいなくなった。

その結果、バブル経済の時代が終わるころには、母子だけが、家庭のなかに取り残された。そして母親だけに子育ての責任を負わせることとなり、母子の関係がかつてなく強まらざるをえなくなっている。いわゆる母子密着である。

こうなると、もし仮に母親に問題があったりすれば、修正のしようがなく、子どもには致命的な悪影響が出てしまう。それどころか最近は、母親までが「私の人生は私のもの。子どもに邪魔されたくない！」といって、我執の虜となり、子育てから逃げだそうとしている。そうなれば、肯定どころか、否定すらもない。ないないない尽くしの、空虚な闇が広がっているだけだ。

いま、仏教がなすべきこと

考えてみれば、私たちが生きている時代そのものが、いちじるしく人格障害的である。「いま、輝こう！」とか「いまを生きよう！」といったたぐいの、まるで境界性人格障害を讃美するかのようなキャッチコピーが、巷《ちまた》に氾濫している。これらのキャッチコピーは、いいかえれば「いまさえ良ければいい」という意味である。こんな価値観を私たちの伝統文化は、刹那的《せつなてき》でとても卑《いや》しいとみなしてきたはずだった。ところが、いまや公共放送においてすら、なに恥じることなく堂々と垂れ流されている。これでは、人格障害が激増するのも無理はない。

しかも、人格障害になってしまった人が親になると、その子どもに対して健常に対処できず、また人格障害を生み出してしまう可能性が相当に高い。まさしく親の因果が子に報《むく》いになりかねない。この点で日本をはるかに先行しているアメリカでは、人格障害が全人口の一〇～一五％、すなわち最大で七人に一人が人格障害といわれている。犯罪大国の犯罪大国たるゆえんである。これは他人事ではない。このままいくと、日本もそうなりかねない。

ならば、こういう時代にあって、仏教はなにをなすべきか。

仏菩薩の本質を論じ、救済をもとめ、悟りや解脱のような非日常的な領域にかかわることは、たしかに仏教の機能にちがいない。しかし、子育てをはじめ、日常生活の大切なことがらについて指針を示し、相談されれば解答をあたえ指導して、社会をより良い方向へ導くこともまた、仏教の機能のはずである。少なくとも、日本の伝統社会における仏教は後者にかなり大きな比重を置いてきた。

いま、日本の仏教がなすべきことは、そのあたりなのではないか。

さきほど指摘したとおり、日本の伝統的な母子関係は、あるいは複眼の子育ては、空の理論とも合致するものだったとおもう。それらは文字どおり「智慧」だった。その智慧を、書物や研究室の中に閉じ込めておかず、実践していかなければならない。

もう少し具体的にいえば、私たち仏教者は、まずもって日本の伝統的な子育てがいかに素晴らしいものだったか、人々に向かって、わかりやすく語るべきなのだ。日本の伝統的な子育てが、空の理論という大乗仏教の根本教義に照らしても、十二分に首肯できることを、できるだけ平易に述べるべきなのだ。そして、仏教界をあげて、およそ考えられるありとあらゆる分野で、ありとあらゆる手段を講じて、子育てを支援していくべきなのだ。

危機的な現状を前に、なすすべもなく、ただ漫然としていては、なにも変わらない。いや、ますます悪くなるばかりだ。私たちに残された時間は決して多くないのである。

第2章　二一世紀型宗教の五条件

二一世紀の宗教

前章では「人格障害」を取り上げた。これは、いまもっとも社会を悩ませている問題の一つに、仏教がどうかかわっていけるか？　を問おうとしたものである。

ここでは視点を変えて、私ごときがいささか畏《おそ》れ多いが、「二一世紀型の宗教」という、大所高所からの大問題を取り上げてみたい。

二一世紀に宗教はどうなるのか。滅び去るのか。再生を遂げるのか。はたまたかろうじて生き残って、天然記念物のような存在になるのか。

いまの時点では、なんともわからない。ただ、最近の世界情勢を見ていると、宗教勢力は意気盛んで、宗教が滅び去ってしまう可能性は当面、ないような気もする。というより、一部の宗教勢力は意気盛んすぎて、困ってしまう気配すらある。

その、困ってしまう宗教勢力の最たるものは、いうまでもなく、イスラム原理主義である。アメリカ流のキリスト教原理主義も同じだ。もし仮に、二一世紀にはこの種の宗教しか生き残れないとしたら、世界はまちがいなく、惨憺《さんたん》たる状況になる。

ちなみにいえば、宗教といっても、イスラム教やユダヤ教における宗教というのは、私たちが宗教という言葉からおもい浮かべがちなものとは、ずいぶんと隔《へだ》たっている。ふつう私たちがおもい浮かべる宗教は、個人的な救済、あるいは個人の心の救済であって、つまるところ「内面」の問題である。

しかし、イスラム教やユダヤ教における宗教は、個人の問題ではない。たとえば、イスラム教の場合は、ウンマと呼ばれるイスラム共同体のためのもので、個人の救済うんぬんは問題にならない。というより、宗派によっては、個人の救済などといい出したら最後、へたをすると異端として処刑されかねない。

イスラム教が宗教と政治を分けない、いいかえれば聖俗一致の体制を金科玉条としているのも、宗教が個人のためではなく、共同体のためにあるということを知れば、それなりに納得がいく。そして、ウンマの構成員にとっては、アッラーなる神から一方的に授けられた規定を忠実に守って暮らすことそのものが、宗教的な行為なのである。

この点は、イスラム教の兄貴分に当たるユダヤ教でも、まったく変わらない。キリスト教も昔はそういうところがあった。しかし、西欧近代において共同体のための宗教から脱皮して、個人の救済をめざす宗教へと変身を遂げた。だから、いまのキリスト教の主流は、私たちがおもい浮かべがちな宗教像と、だいたい一致する。

このあたりのことは、いずれ項をあらためて子細に論じてみたい。

話をもとにもどして、二一世紀の宗教はどうなるか？　を考えると、少なくとも私個人は、共同体のための宗教はごめんこうむりたい。ましてや原理主義など、金輪際いやである。ようするに、ハードな宗教はもう止めにしてもらって、ソフトな宗教に登場してもらいたいとおもう。

五つの条件

では、二一世紀には、どういうかたちの宗教が必要か、もしくは望ましいか。

この点に関しては、以下に挙げる五つの条件を満たしたものでないといけない。そうでないと、必要とされないばかりか、衰えるというか、滅びるというか、いずれにしても、ろくなことはないだろうというのが私の見解である。

二〇〇四年の一月五日と六日、国際日本文化研究センター所長の山折哲雄先生の呼びかけで、対談が催された。そして、私を含めて五人が、京都で二日間にわたり、「二一世紀の仏教に求められるもの」というタイトルのもとに、対談をしたのである。そのときに挙がってきたことと、この条件とはほぼ重なっている。したがって、いまからお話しすることはさして的外れではないはずだ。

では、五つの条件を、以下に挙げてみよう。

①参加型の宗教
②実践型の宗教
③心と体の宗教
④自然とかかわる宗教
⑤包容力のある宗教

参加型の宗教

誰が「参加」するのかというと、いうまでもなく一般の方々である。一般の方々が、とりあえずは信者であろうと信者でなかろうと、宗教的な行為に参加して、しかも参加したことを心身ともに実感できる点が重要である。

この件については、「プロの宗教とアマの宗教」という視点を提起したい。そして、プロはプロらしくあって欲しいと念願する。

プロの宗教というのは、宗教のプロフェッショナルたる僧侶レヴェルの宗教を指す。当たり前だが、かなり高いレヴェルが要求される。アマチュアの宗教というのは、一般の方々の宗教であって、大半はその宗教の信者だろうが、そうでない方々──私流の表現をお許しいただけば「信者未満」──も含んでいる。

なぜ、信者未満の方々まで含むのかといえば、既存の信者だけを対象にしていたのでは、宗教の未来はないからである。いまはまだ信者ではない方々まで取り込んでいけるような、そんな魅力に富んだ宗教でなければ、二一世紀型の宗教たりえない。

さて、ここで問題となるのは、プロとアマの関係である。誰が考えても、両者の関係が良くないとうまくいかない。プロがプロの宗教に終始して、アマの救済を考慮しなければ、大乗仏教の根本理念たる「上求菩提下化衆生《じょうぐぼだいげけしゅじょう》」の精神に反する。逆に、アマがアマの宗教に終始して、プロの指導を受けられなければ、いつまでたっても低次元のままで、菩提を得られない。すなわち、重要な点はアマとプロの交流である。

と同時に、先に指摘したとおり、プロはプロらしくして欲しい。アマの方が「プロは凄いな！」とおもうのは、プロにしかできないことができる、アマがどんなに頑張ってもできないことを、プロの方はやすやすと行うからだ。そこにプロに対する敬意の源泉がある。アマでもちょっと頑張ればできるレヴェルにプロが終始していたのでは、お話にならない。ようするに、プロがプロたりえて初めて、本当の意味のプロとアマの交流が可能になるのである。

かといって、プロが「おまえらできないだろう」といって、アマをバカにしたのではアマはついてこない。したがって、プロが素晴らしい技能をもちながらも、それを独占したり誇示したりせず、アマと仲良くして、両者のあいだが切れないような関係がもしできれば、とても素晴らしい。逆にそういう宗教でないと、二一世紀は生き抜けない。

実践型の宗教

もちろん理屈も必要だが、理屈だけで終わってはいけない。プロに限らず、アマにも、実践が絶対に欠かせない。別の表現をつかえば、「行（修行）の宗教」が求められるということだ。

残念ながら、私もその末席を汚している仏教研究や宗教研究は、明治維新このかた、一三〇年もの間、理屈ばかり、ああだこうだと論じてきた。逆にいえば、行の領域にまつわる研究は、甚《はなは》だおろそかだった。だから、行を中心にするオウム真理教みたいなものが出てきたときに、まったくといっていいくらい対応できなかったのである。これは日本近現代における宗教研究の最大の欠陥といっていい。

行の研究がなされて、それなりの成果を上げてきたとすれば、禅くらいだろうか。西田幾多郎や西谷啓治をはじめとする京都学派の方々は実際に禅をし、その体験を西欧流の哲学をもちいて表現し、世界的な名声を博してきた。しかし、惜しむらくは、それ以外にはほとんど見当たらない。

行の軽視は学問の領域だけではない。各宗派や各教団でも、行を軽視してきたところは少なくない。しかも、その多くは、いわゆる通過儀礼と化していて、ただ形だけをなぞっているようにしか見えない。もっとひどいところになると、行の鉄槌とか愛の鞭《むち》とか称して、さしたる理由もなく、先輩が後輩を殴る蹴るといった、暴力団まがいの制裁がまかりとおっている例すらある。

プロの僧侶でもそうなのだから、ましてアマである一般信者となれば、行の軽視は言うも愚かである。というより、修験道《しゅげんどう》の一部や若干の坐禅道場を除けば、一般信者に行をさせてくれるところは皆無に近い。ほんとうは行を体験してみたいと思っている一般信者、もしくは信者未満の方々は少なからずいるにもかかわらず、プロのがわに受けいれる体制ができていない。

いずれにしても、行を軽視してきたツケはすでに回ってきている。いまも指摘したとおり、とにかく行をしたいというので、オウム真理教をはじめ、いかがわしい教団に入って苦しんでいる若い人もけっこう多い。こんなふうに、今後も行を軽視したままだと、プロの低落とアマの仏教離れに拍車がかかることは疑いない。

心と体にかかわる宗教

心と体の両方にかかわることも、非常に重要である。実践型となれば、否応なく心と体の両方を使わざるをえないから、当然すぎる帰結といっていい。

しかし、残念ながら、このあたりに関する認識が案外、欠けている。たとえば、ＮＨＫでも仏教あるいはキリスト教についての話が教育テレビで放映されているが、そのタイトルは「心の時代」になっている。世間一般では、それくらいよく「心」「心」といいたがる。

しかし、この表現は、半分は良いけれども、半分は間違っている。唯物論や物質主義に対する精神の優位という意味で、心の時代というのはむろんけっこうだ。だが、それで安心してしまってはいけない。

なぜなら、心を心で変えるのは大変だからである。それこそ頭でっかちになってしまう。ところが、行によって、体を少し変えていけば、心は大きく変わっていく。あるいは、心を変えれば体が変わるし、体が変われば心も変わる。

考えてみれば、心で心がなんとかなるなら、宗教は必要ない。哲学とか、せいぜい倫理や道徳で間に合うはずである。しかし、いくら哲学書を読んでも、倫理や道徳を声高に叫んでも、心はそう簡単に変わらない。たとえ自分では心が変わったとおもっても、大概は単なる錯覚にすぎない。時間がたてば、元の木阿弥《もくあみ》である。

現に、いま流行の心理学や精神医学でも、体の領域を無視しては、心は変わらないことに気付きはじめている。さらに進んで、心と体の相関関係にまつわる宗教的な智慧を、療法のなかに導入しようと試みる動向もある。

ただし、いわゆる体育会系まがいに、体ばかりを強調しすぎると、これまたよくない。私の経験では、「自分は体をとことん酷使して、たくさん行を積んできた！」と豪語する宗教者のなかに、精神性が摩滅《まめつ》して、獣性ばかりが目立つ人がいる。とりわけ、行の結果として霊能力を獲得したという人に、このタイプが多い。これでは、困ってしまう。

つまり、「心」「心」「心」と繰り返していても、心はちっとも変わらない。ますます袋小路に入っていくだけ。そうかといって、心を軽んじて、体だけを突出させてしまっても、宗教の名に値しない。したがって、心と体の相関関係を正しく認識した宗教でないとまずいということになる。

自然とかかわる宗教

昨今では猫も杓子もというくらい、よく指摘されることだが、自然との関係が重要である。つい数年前、宮崎駿《はやお》さんのアニメ、『千と千尋の神隠し』がヨーロッパでもアメリカでもとても高い評価を受けた理由は、自然と人間の関係がいかに悪くなっているかを、とてもわかりやすく訴えることに成功したからだ。この問題は、それくらい切実になっている。

これほど環境破壊が進んでしまったなかで、自然との関係を重視しないような宗教はダメに決まっている。自然と人間が共に生きていくにはどうしたら良いのか。この難問を解決にみちびく答えを内包し、しかも実践していける宗教が求められている。

この点からすると、キリスト教やイスラム教などは、首をかしげたくなる。たとえば、ヨーロッパではキリスト教の普及と森林の減少が比例していたことがわかっている。つまり、キリスト教が広まれば広まるほど、森林は切りはらわれて、赤裸になっていった。なぜかというと、森林はキリスト教に敵対する悪魔や魔女や妖怪のような、邪悪な存在が住む、こわくて、おぞましくて、汚らわしい場所なのだから、さっさと切りはらって、畑や牧場にしたほうが良いと考えて、実行したからだ。

すなわち、キリスト教やイスラム教にとって、自然は人間が支配し管理して、そこから生存のための糧を一方的に得る対象にすぎない。自然と人間が「共生」しようとは、あまり考えてこなかった。自然に対して人間が敬意をもつなんて、ありえなかった。だから、日本仏教のように、自然から学ぼうとは全然おもってこなかった。

もちろん、最近ではキリスト教でも自然の大切さは認識せざるをえなくなり、アッシージのフランチェスコのように自然との共生を主張した人物を、盛んに顕彰している。しかし、キリスト教の歴史ではフランチェスコはあくまで例外で、自然との関係に関するかぎり、キリスト教の立場はかなり苦しい。

ついでにいっておくと、インド仏教やその忠実な後継者にあたるチベット仏教は、日本仏教ほど、自然との関係は濃くない。このことは、今後、章をあらためて論じるつもりだが、「草木国《そうもくこく》土悉皆成仏《どしっかいじょうぶつ》」のような発想は、まさに日本仏教の独壇場であり、ゆえに日本仏教が世界に貢献できる可能性が多々ある点は、強調しておきたい。

もっとも、自然との関係が希薄な仏教の宗派は、日本にもないではない。たしかに信仰の純粋さ真摯さという点ではすばらしいものの、その結果として、崇拝対象と人間関係に圧倒的に重きが置かれていて、自然との関係がともすると見えにくくなっているものもある。

　しかし、これほど環境破壊が進んで自然が壊されていく二一世紀のなかでは、自然にまなざしを注がなかったら、それは大欠陥になる。いいかえれば、信仰の純粋さや真摯さゆえに、自然とかかわらないというのでは、もはや通用しない。つまり、これからの宗教は、自然との関係もきちんと捉える宗教でなければいけないのだ。

包容力のある宗教

　五番目は、これからの宗教は包容力のある宗教でなければいけないということだ。自分たちだけが正しい、ほかはすべて間違っている、だからダメ！　という宗教ではやはり困ってしまう。そういうタイプの宗教は、ともすると原理主義の罠《わな》に落ちてしまいがちである。したがって、包容力のあることが、今後の宗教に求められる条件の一つになる。

　この問題は、排除する宗教と排除しない宗教という視点から論じることもできる。歴史的にみてキリスト教もイスラム教もユダヤ教も、みな排除する宗教である。一方的に正邪を断定して、自分たちだけが正しい、他は正しくないと排除してしまう。

日本仏教のなかにも、自分たちの正当性を強烈に主張して、他の宗派を激烈に排撃した宗派や教団がないではなかった。しかし、日本仏教の場合、千数百年におよぶ日本仏教の歴史から見れば、そういうことはほんの一時的な現象にすぎない。幸いなことに、長期間にわたって憎悪しあい、互いに虐殺を繰り返すようなこともなかった。

ちなみに、キリスト教がカトリックとプロテスタントに分かれて全ヨーロッパを巻き込む宗教戦争を誘発し、ドイツでは三人に一人が死んだというほど、互いに凄まじい虐殺を繰り返していたのは、たかだか三五〇年前のことにすぎない。現在でも、たとえば北アイルランドでは、カトリックとプロテスタントが対立している。この事実は非常に重い。

いずれにせよ、現時点においても、あいかわらず他を排除する宗教は実にまずい。こういう発想では、地球という限られた環境のなかで多くの生命体が共存共栄していくのは無理である。やはりお互いを認めていかなければいけない。自分たちと異なる意見をもつやつは悪魔だ、悪魔は殺してしまえ！　と頭から決めつけるような宗教では、二一世紀は非常に悲惨なことになる。というより、現に悲惨なことになってしまっている。だからこそ、包容力のある宗教が望まれる。

ここで誤解を招かないようにおことわりしておくが、私はなにもそれぞれの宗派や教団の固有性や独自性をなくせといっているわけではない。それぞれの宗派や教団の固有性や独自性をないがしろにしたり薄めたりして、仏教一般とか倫理道徳とかいうかたちにするのは、決して望ましいことではない。むしろ、それぞれの宗派や教団の固有性や独自性をきちんと保ちつつ、しかも総合的・包括的に考え実践していける宗教こそが、包容力のある宗教の名に値すると申し上げているのである。

第3章　自然と宗教―日本仏教の特質

草や木はもちろん

前章で「二一世紀型宗教の五条件」を論じ、そのなかに「自然とかかわる宗教」という条件をあげた。そして、これほど環境破壊が進んでしまった状況下で、自然との関係を重視しないような宗教はダメであろう。自然と人間が共に生きていくにはどうしたら良いのか。この難問を解決にみちびく答えを内包し、しかも実践していける宗教が求められている…と述べた。

ここではこの問題をもう少し深く掘り下げてみたい。結論から先にいってしまえば、日本仏教は自然保護に関しては、世界中の宗教で最もすぐれているという話である。

日本仏教では、よく「草木国土悉皆成仏《そうもくこくどしっかいじょうぶつ》」という。草や木はもちろん、石や山のような無生命体まで成仏できるという意味である。能にも、金春禅竹《こんぱるぜんちく》の『杜若《かきつばた》』などにこの文言が出てくる。

これなどは、仏教思想が芸術作品にまで影響をあたえた好例で、日本人の心の深いところまで浸透している証拠といっていい。また、「有情非情同時成道《うじょうひじょうどうじじょうどう》」という表現もある。こちらの方がやや抽象的だが、意味は似たようなものである。

人気歌手のユーミンこと松任谷《まつとうや》由実の「やさしさに包まれたなら」という歌に、こういうフレーズもある。

小さな頃は神さまがいて　不思議に夢をかなえてくれた
やさしい気持ちで目覚めた朝は　おとなになっても　奇跡はおこるよ
カーテンを開いて　静かな木洩れ陽の　やさしさに包まれたなら
きっと　目にうつる全てのことは　メッセージ

このフレーズは、私にいわせれば、空海の『声字実相義《しょうじじっそうぎ》』に出てくる次の一節の現代版である。いわく、

五大皆有響（五大に皆響きあり）

十界具言語（十界に言語を具す）
六塵悉文字（六塵《ろくじん》悉く文字なり）
法身是実相（法身《ほっしん》は是れ実相なり）

こういう心境は、日本人ならわりあいわかりやすい。みな、どこかで、「草木国土悉皆成仏」や「有情非情同時成道」などと同じ精神につながっている。

しかし、キリスト教徒の欧米人はもとより、イスラム教徒も、こういう心境には決してならない。なぜ、そうなのか？　そこのあたりが、本章のテーマである。

キリスト教とイスラム教の自然観

いわゆる世界宗教、すなわち仏教・キリスト教・イスラム教のなかで、自然と上手にかかわる宗教は仏教しかない。いいかえると、キリスト教とイスラム教は自然と上手にかかわれない。そのかかわり方は、私たち日本人の目から見ると、すこぶる下手である。

いや、下手どころか、自然をないがしろにしかねない。なにしろ、キリスト教とイスラム教にとって、前章で指摘したとおり、自然は搾取《さくしゅ》の対象にすぎない。そのことはかれらが聖典とあがめる旧約聖書を読むと、よくわかる。旧約聖書の「創世記」第一章の二八節には、こう書いてある。

神はそのかたちの如くに人をつくり……、産めよ、増えよ、地に満ちて、地を従わせよ。海の魚、空の鳥、地の上を這う生き物をすべて支配せよ。

つまり、人間は神そっくりに作られていて、神に代わって地上を支配する権能をあたえられている。自然は人間のためにある。人間は自然を支配する権利がある……。

ようするに、人間中心主義なのである。自然に対する敬意など、あまり感じられない。

そういう点は、イスラム教も変わらない。昨今、なにかと注目を浴びているこの宗教において、自然がどう考えられているか、少し論じてみよう。

まず、イスラム教においては、自然をプラスに評価する文言は見出しがたい。イスラム教徒にとって、あらゆる真理の源泉たるコーラン（クルアーン）にも、預言者ムハンマドの言行録たるスンナにも、見当たらない。

また、コーランに描写された楽園（天国）も、「川が下を流れる楽園」（第二章の二五節）とか「本当に主を畏れる者には、安全な場所（楽園）がある。緑の園や、ブドウ園」（第七八章の三一

〜三二節）というぐあいで、緑豊かで河水流れるとはいっても、自然そのままではない。豊かなオアシスのイメージが濃厚で、ようするにすこぶる人工的である。

考えてみれば、キリスト教にしろイスラム教にしろ、生まれ故郷はかなりの乾燥地帯で、自然に恵まれていたとはお世辞にもいえない。旧約聖書に「海の魚、空の鳥、地の上を這《は》う生き物をすべて支配せよ」と書かれてはいても、もともと海の魚も空の鳥も地の上を這う生き物も、そう豊かではなかったのだろう。

したがって、そういうめぐまれない自然から、いかにして少しでも多くの実入りを得るかということに、かれらは終始してきた。難しくいえば、自然をどう搾取するか。それが課題だった。そこに、自然との共生などという発想が生まれるわけがない。

しかも、イスラム教にはこの宗教に独特の考え方があって、自然との共生とか自然の保護をなおさら難しくしてきた。それは、この世で起こるありとあらゆる自然現象および社会的な事象は、すでに唯一の神アッラーによって決定されているとみなす考え方である。もちろん、人間のがわの是非善悪の判断などまったく斟酌《しんしゃく》されない。

ご存じのように、仏教でも業《ごう》（カルマ）という考え方があって、現世は前世の約束事みたいに信じている人もある。しかし、仏教の場合は「善因善果悪因悪果」、その原因はあくまで前世における自分自身のおこないだから、まだ主体性がある。ところが、イスラム教の場合は、なにもかもアッラーの意志にゆだねられている。

こういうきわめて静態的な、いいかえればダイナミズムを欠く思考方法だと、へたに動こうものなら、アッラーの逆鱗《げきりん》に触れかねない。したがって、人間が自然に手をさしのべ、保護することなど論外になってしまう。

また、こういう思考方法では、もし仮にみずからの意志により運命を切り開く者があらわれた場合、論理が一八〇度グルッとひっくり返って、その人物は神から選ばれた特別な存在であるとみなされる。つまり、「みずからの意志」すらも、アッラーがそうさせたので、じつはアッラーの意志にほかならないと強弁される。そうしないと、アッラーがすべてをあらかじめ決定しているというイスラム教の基本とつじつまが合わないからである。

その結果、かれの行動がいかに極端なものであろうと、いかに悪しき結果をもたらそうと、正当化されてしまう、もしくは黙認されてしまう可能性が高い。

イスラム教においてテロリズムが正当化されてしまう、もしくは黙認されてしまう背景にも、以上のような考え方があるかもしれない。

たとえば、自爆テロがその一例である。

ほんとうは、コーランは自殺をきびしく禁じている。コーラン第四章の二九～三〇節には、「あなたがた自身を、殺し（たり害し）てはならない。誠にアッラーはあなたがたに慈悲深くあられる。もし敵意や悪意でこれをする者あれば、やがてわれ（アッラー）は、かれらを業火に投げ込むであろう。それはアッラーにとって、非常に易しいことである」（日亜対訳・注解『聖クルアーン』日本ムスリム協会）と書かれていて、自殺は最悪の選択とされる。

しかし、現実には自爆テロがあとを絶たない。なぜか。その答えは、それしか手段がないから、ということらしい（大川玲子『聖典「クルアーン」の思想』講談社新書　四四～四五ページ）。イスラム教徒が絶対の聖典と崇めるコーランが、きびしく禁じているにもかかわらず、自爆テロが敢行される。まったくの矛盾だが、こういう事態もつまるところ神の意志として、人々は受けいれてしまうのである。

いずれにせよ、自然の変化は、それが人工的であれ、自然的であれ、その結果のいかんにかかわらず、すべて神の意志と断ぜられる傾向が強い。ここからも、自然との共生とか自然の保護という考え方が出てくる余地はあまりない。

チベット仏教の自然観

さきほど自然と上手にかかわれると述べた仏教でも、そのなかには非常に上手なものもあれば、さほど上手とはいえないものもある。私は最も上手なのは日本仏教であると考えている。日本仏教と同じ大乗仏教圏に話を絞ると、昨今とても意気盛んなチベット仏教は、自然とのかかわりに関する限り、上手とはいいがたい。少なくとも、日本仏教ほど、自然とのかかわりは濃くない。

そもそも仏教の原点たるインド仏教からして、自然とのかかわりは日本仏教ほど目立たない。たとえば、仏教のみならず、インド型宗教の根幹にある輪廻転生は、もっぱら動物間の輪廻転生であって、植物はその範疇《はんちゅう》に入らない。この点はチベット仏教も同じである。

ちなみに、チベット仏教において原則的に、肉食はいけないが、植物食は良いとされる根拠の一つは、植物には「霊魂」――といってまずければ「意識」――がないとみなされているところにある。しかも、インド仏教でもチベット仏教でも、日本仏教に比べると、動物界と植物界をきびしく分ける傾向が見られる。『倶舎論《くしゃろん》』のような、世界構造の緻密《ちみつ》きわまりない分析を得意としたインド仏教の後継者を自認するチベット仏教から見れば、動物も植物もごっちゃにする日本仏教はどうにも曖昧《あいまい》で、始末に困るらしい。

ともあれ、インド仏教やチベット仏教では、日本仏教に見られるような、植物および石や山のような無生命体まで成仏できるという考え方は希薄である。

こういうと、『涅槃経《ねはんぎょう》』の「獅子吼菩薩品《ししくぼさつほん》」や『法華経』の「薬草喩品《やくそうゆほん》」には「悉有仏性《しつうぶっしょう》」や「草木国土悉皆成仏《そうもくこくどしっかいじょうぶつ》」の思想があるではないか！　と反論が出てくるかもしれない。しかし、これらの経典の字句をすなおに読む限り、私たちが「悉有仏性」や「草木国土悉皆成仏」という文言からイメージしがちな内容とはいささか距離がある。

たとえば、『法華経』の「薬草喩品」の場合、たしかに「三千大千世界の山川渓谷土地に生いたる所の卉木叢林《きもくそうりん》および諸の薬草」とは書かれている。しかし、それは衆生にさまざまなレヴェルがあり、如来の慈悲が干天の慈雨のごとくすべての衆生にそそがれていることのあくまで「喩《たと》え」であって、「三千大千世界の山川渓谷土地に生いたる所の卉木叢林および諸の薬草」が成仏するとは書いていない。

その点は、サンスクリット原典を読めば、もっとよくわかる。さらにいえば、「草木国土悉皆成仏」は、「薬草喩品」のメインテーマには決してなっていない。したがって、この一節から「草木国土悉皆成仏」を強調するのは、日本仏教に独特の「解釈」とみなしたほうがいい。

かつて、私はチベット仏教の師であるツルティム・ケサン先生（白館戒雲・大谷大学教授）に、「草木国土悉皆成仏」について質問してみたことがある。日本仏教では、草も木はもちろん、石や山のような無生命体まで成仏できると考えているが、チベット仏教ではどうでしょうか？　と尋ねたところ、言下に「そういうことはありえない」と一蹴されてしまった。先生にいわせれば、成仏の対象はやはり動物に限定されるらしい。日本仏教とチベット仏教は、同じ大乗仏教として、共通する部分も多いが、こと自然観に関しては大きな相違がある。

このあたりは、日本の自然とチベットの自然の違いがかかわっているのだろう。チベットは、東チベットの一部（カム地方）とヒマラヤ山脈の南側をのぞけば、日本みたいな豊かな森林や緑野はない。ほとんど荒涼たる土地ばかりである。寒冷なうえに、極端に乾燥していて、半砂漠といってもいい。ようするに、人間の生存にとっては酷薄な自然である。

これでは「草木国土悉皆成仏」というような考え方が生まれてくるわけがない。チベット仏教でも『法華経』を学ぶことはあるものの、日本仏教のような「解釈」は見られない。

日本仏教の自然観

さて、日本仏教である。「草木国土悉皆成仏」というと、ほとんど反射的に天台本覚《てんだいほんがく》思想がおもい浮かぶ。しかし、天台本覚思想が平安末期から鎌倉中期にかけて成立するはるか以前から、この種の考え方が日本仏教にあった。

その典型は空海の思想である。空海は『吽字義《うんじぎ》』において、「草木また成《じょう》ず、いかにいわんや有情をや（草や木ですらも成仏するのである。人間が成仏しないわけがない）」と述べて、この種の考え方にお墨付きをあたえた。

空海が中国から請来した密教では、この世の森羅万象《しんらばんしょう》ことごとくが聖なるもの、いいかえれば仏菩薩の顕現とみなされる。したがって、草木もまた成仏するという発想が出てきても、なんら不思議ではない。

もっとも、そういうなら、チベット仏教も密教が中心を占めている。しかし、チベット仏教では、再々申し上げているとおり、「草木国土悉皆成仏」の思想はない。これは矛盾している。どういうわけか。

じつはこのあたりの事情について、明解に解説した論考を私は寡聞《かぶん》にして知らない。仏教を自然保護と結びつけて論じること自体、最近のできごとだから、無理もないかもしれないが……。

致し方ないので私見をごく簡単に述べると、チベット密教では、この世の森羅万象ことごとく聖なるものとはいっても、具体的な自然、たとえば一本の草や一本の木を対象とはしていないようである。

むろん、理論上は、一本の草や一本の木を含むこの世の森羅万象ことごとくが聖なるものとみなされる。ところが、チベット密教でも最秘の修行マニュアルとされる『吉祥《きっしょう》秘密集会《ひみつしゅうえ》成就法《じょうじゅほう》清浄《しょうじょう》瑜伽次第《ゆがしだい》』（邦訳ツルティム・ケサン＋正木晃『チベットの「死の修行」』角川選書）をひもとくと、チベット密教が関心をそそぐのは、もっぱら修行者の心身そのものに限られている。そして、聖なる心身をもつ修行者は、聖なるものの極みにほかならない仏と融合して、いわゆる即身成仏《そくしんじょうぶつ》を遂げることができるというところが力説されている。いいかえると、チベット密教は、自分の心身のほかにさほど興味を示さない。

日本密教の場合も、聖なる心身をもつ修行者は、聖なるものの極みにほかならない仏と融合できるとみなす点では、変わらない。しかし、日本密教では、自分の心身が聖なるものであるとみなすと同時に、自分の心身のほかにあるもの、すなわち自然もまた聖なるものであり、成仏できるとみなす。

つまり、日本密教でもチベット密教でも、この世の森羅万象がことごとく聖なるものであるという認識は共通する。本家本元のインド密教が少なくとも理論上はそうだったから、当然といえば当然である。しかし、実際に関心をもつ対象の範囲が大きく異なる。ようするに、基礎理論は同じでも、適応範囲は異なる。理由はやはり風土の違いに帰すのだろう。

この点は、どちらかといえば、チベット密教のほうが本家本元のインド密教の「常識」に近い。

日本密教のほうが逸脱気味である。

第一の門番

では、逸脱の原因は何かというと、三つほど考えられる。一つ目は中国の道教の影響。二つ目は日本人に固有の自然観。三つ目は日本人の曖昧《あいまい》さである。これらを全部、くわしく論じているととてもではないが紙幅が足らないので、ここでは指摘するだけにとどめさせていただきたい。

注目すべきは、逸脱がたぐいまれな好結果を生み出したという事実である。言葉そのものとしては、逸脱はマイナスの意味合いが強いから、この場合は価値判断とはあまりかかわりなく、「展開」と表現したほうがいいかもしれない。

仏教学者のなかには、特定の時期のインド仏教やチベット仏教を絶対的な規範に設定して、日本仏教を槍玉にあげ、本来の仏教から逸脱していると批判する向きもないではない。たしかに、かれらの意見には耳を傾けるべきところもある。しかし、こと自然との関係に限れば、日本仏教の立場はすこぶる有意義で、大いに誇っていい。

といっても、自己満足していても、なんの意味もない。難問を解決にみちびく答えを用意するのみならず、具体的な実践が、いままさに求められている。

この点に関して、「吉野・熊野・高野山」の世界遺産登録に大きな役割を演じた田中利典師（金峯山寺《きんぷせんじ》執行長）が著書『はじめての修験道』（春秋社）のなかで、「世界遺産登録―山伏の立場から考える」と題して、興味深い論旨をくりひろげている。それは自然と文化を守り育む「第一の門番」という考え方である。その要旨をぜひご紹介したい。

ユネスコの世界遺産にかかわるイコモス（国際記念物遺産会議）が定めた『国際文化観光憲章』の中に、第一の門番（custodian）という考え方がある。第一の門番とは、世界遺産の自然と文化を守り育んでいく役目を担う人々のことだ。国際的に認知されている方法論によれば、遺産の管理は、その地域社会を構成する人々、とりわけ指導的な立場にある者の責任であり、そういう立場にある者は必然的に第一の門番たらざるをえない。

金峯山寺を中心とする私たち山伏の役目は、まさしくこの第一の門番だと強く思う。世界登録によって、金峯山寺を含め、吉野大峯や修験道の世界が、動物園の動物のように見られてしまうのでは、何にもならない。いままで日本で起こったいろいろな失敗例と同じ道を歩ませないためにも、まちがった方向の観光開発や地域振興に進まぬように、世界遺産の第一の門番たるべく、誓って私たちは行動していく……。

この「第一の門番」という考え方は、きわめて示唆《しさ》に富む。これこそ、世界遺産にとどまらず、日本列島の全域にわたって、そして田中師のような山伏のみならず、仏教にかかわる私たちすべてが、果たすべき役割の具体例なのではないか。そう実感するのは、私だけではあるまい。

第４章　イスラム教とどう向き合うか

イスラム教を考える

イスラム教の問題を、この章では考えていく。考察をはじめるにあたり、話がこんがらかると面倒なので、まずこの論考で私がいいたいことを簡単に申し上げておこう。ようするに、私たち仏教者が今後、イスラム教とどう向き合うか？　というところに話をもっていきたい。そのために、まずは相手のことをよく知っておく必要がある。これが前提である。

イスラム教の開宗は西暦六一〇年、日本でいえば聖徳太子の時代に誕生しているので、いわゆる三大宗教のなかではいちばん若い。この若いということも、元気な理由の一つかもしれないが、イスラム教は若いにもかかわらず、ひじょうに保守的なところも多々あるようだ。

ここで、イスラム教を考える前に、いわゆるセム系一神教について基礎的なことがらをしめしておこう。

ユダヤ教・キリスト教・イスラム教をまとめてセム系一神教と呼ぶのは、これらの宗教が聖典としてあがめる書物が、セム語族の言葉、つまりヘブライ語やアラブ語で書かれているからだ（細かいことをいうと、新約聖書だけはギリシア語で書かれていた）。

「セム」という言葉そのものは、旧約聖書の「ノアの方舟」で有名なノアの三人の息子たち、セム・ハム・ヤペテのうち、長男にあたるセムに由来している。旧約聖書には、セムは、ユダヤ人やアラブ人の祖先になったと書かれている。だから、セム系一神教とは、本来ユダヤ人やアラブ人の宗教を意味していたと考えていい。

「一神教」というのは、唯一絶対とされる神をあがめる宗教をいう。別のいい方をすれば、他の神をあきらめる宗教ともいえる。この「他の神をあきらめる宗教」といういい方のほうが、一神教の本質をついているかもしれない。そして、ユダヤ教とキリスト教のヤーウェ（エホヴァ）とイスラム教のアッラーは、じつは同じ神である。したがって、ユダヤ教とキリスト教とイスラム教は、兄弟ないし姉妹の関係にある。

では、同じ神をあがめているのに、なぜあんなに仲が悪いのか。その理由は、互いのことがある程度まで理解できて、しかしそれゆえに互いの違いが気になってしようがないからだという説がある。近親憎悪に近い感情ともいう。そうかもしれない。

次に、一神教が誕生したいきさつである。昔は、アニミズムやシャーマニズム、あるいは多神教のような原始的かつ下等な宗教から、徐々に「進化」して、高等な一神教が誕生したと考えられていた。いわば、宗教の進化論である。しかし、こういう考え方は、少なくともまともな宗教学者の間ではいまでは認められていない。一神教は、初めから一神教だったのではないか、というのが最近の学説（竹下節子『キリスト教』講談社）である。

どういうことかというと、旧約聖書に出てくる神の原点は、アブラハムがあがめた神だが、その神はアブラハムが属していた部族の「氏神」的な神だったらしい。日本でもそうであるように、氏神はたいてい一人しかいない。次の段階のモーセの神になると、氏神から脱して、ユダヤ民族の「民族神」に成長した。さらに旧約聖書が成立するころになると、その民族神がもっと成長を遂げ、他の民族があがめる神を凌駕《りょうが》して「最強の神」になり、ついには世界中に君臨する「唯一絶対の神」になりおおせたのではないか。こういうシナリオである。

この唯一絶対の神は、預言者をとおして、人々に「啓示」をあたえる。そのため、「啓示宗教」ともいわれる。預言者とは、文字どおり「神から言葉を預かり、人間に伝える者」であって、結果的に未来を予告することはあっても、ただ単に未来を予言するだけの「予言者」とは、次元も意味もまったく異なる。旧約聖書には、イザヤやエレミヤなど多数が登場する。イスラム教の立場では、ムハンマドは最高にして最後の預言者。また、イエスを神の子ではなく、預言者の一人とみなしている。

神からの啓示を集積した書物が啓典であり、これを聖典として、なににもまして尊崇する。したがって、啓典宗教ともよばれる。ユダヤ教は旧約聖書（旧約聖書といういい方はキリスト教のいい方であって、イエスを神の子とみとめないユダヤ教徒にとっては、旧約聖書こそが真正の聖書だから、旧約聖書とはよばず、ただ聖書とよぶ）。キリスト教は旧約聖書＋新約聖書。イスラム教はコーラン（クルアーン）。これが三つの宗教にとっての啓典である。ちなみに、コーランは、「読まれるべきもの」という意味がある。

イスラム教とは

イスラム教はいま元気である。世界の三大宗教のうち、現時点で目立って信者の数を増やしているのは、イスラム教しかない。信者の数ではまだキリスト教には及ばないが、将来的には逆転する可能性がないではない。

もっとも、三大宗教といっても、残念ながら、仏教はイスラム教とキリスト教のはるか後塵を拝している。さらにはっきりいってしまえば、三大宗教と呼べるような地位に、もはや仏教はない。イスラム教とキリスト教はともに十数億の信者を擁するが、仏教の信者はせいぜい三、四数億ほどにすぎないからである。ちなみに、インドの民族宗教であるヒンドゥー教の信者数は八億近く、仏教の二倍以上もある。

なぜ、こんなにイスラム教の信者数が増えているのかというと、教義は単純明快でわかりやすく、しかも入信が簡単なことが大きく影響しているらしい。

たとえば、入信は原則として、二人の証人のもとで、「信仰告白（シャハーダ）」をおこなうだけでいい。その信仰告白の句というのは、「アッラーのほかに神はなし。ムハンマドはアッラーの使徒である」。これを唱えると、イスラム教徒になれる。ただし、母国語ではダメで、アラビア語で「ラー・イラーハ・イッラッラー。ムハンマド・ラスールッラー」と唱える必要があるが、これなら、誰でもできるだろう。

新たにイスラム教徒になったからには、過去はいっさい問われない。イスラム教徒として生き直す。たしかに、これは魅力的な発想である。

もちろん、ちゃんとしたイスラム教徒たるには、六信と五行が欠かせない。六信というのは、唯一神アッラー・天使・啓典・預言者・来世・天命を信じること。五行というのは、信仰告白・

礼拝・喜捨《きしゃ》・断食・巡礼を実践することをいう。このうち、巡礼は金と時間がかかるので、もし余裕があるならばという条件が付けられていて、必須ではない。このほかにもなすべきことはあるが、仏教の教義に比べると、やはり明快で、わかりやすい点は否めない。

イスラム教というと、まず頭に浮かぶ光景は、かれらが熱心に礼拝している姿である。そこでまずは礼拝（サラート）を取り上げてみよう。礼拝は、さきほど指摘したとおり、五行の一つである。五行の第一が信仰告白で、第二がこの礼拝になる。それほど重視されていて、イスラム教徒たる者は必ずおこなわなければならない。いわば義務とみなされる。

この礼拝は、一日に五回、決められた時間に、アラビア半島の西部にあるメッカのカーバ神殿に向かって、五体投地をおこなう。仏教の五体投地に比べると、お尻の上げかたが少し高いようだが、やっていること自体はほとんど変わりがない。

いまも述べたとおり、礼拝は一日に五回おこなう。時間帯は、夜明け・正午過ぎ・午後・日没・夜と規定されている。春夏秋冬、季節によって夜明けと日没の時間は変化するから、礼拝の時間もそれにともなって変化する。

ただし、五回それぞれの礼拝時間の幅はさほど長くはなく、その時間内で礼拝をおこなわないと、無効になってしまう。また、日の出・正午・夕日のときは、礼拝してはならない。いいかえると、太陽が昇りはじめるとき、ちょうど真上にあるとき、沈むときは不可とされる。この点は、朝日や夕日をありがたいと感じて、拝んできた日本の伝統的な習俗とまるで異なる。

共同体のための宗教

イスラム教は、同じ価値観や意志をもつ集団のための宗教、むずかしくいえば、ウンマと呼ばれる宗教共同体のための宗教である。しかも、その共同体は、仏教の僧院組織のような社会から隔絶した存在ではない。むしろ社会全体をおおうほど大きく、ほとんど社会＝宗教共同体という関係にある。逆にいえば、イスラム教は、原則として、個人のための宗教ではない。

宗教が共同体のためにあるという点は、なにもイスラム教に限らない。いわゆるセム系一神教は、ユダヤ教もキリスト教も、原則として、みな共同体のための宗教である。

この点は、開祖や指導者たちの行動に明らかだ。ユダヤ教のモーセやイザヤといった旧約聖書の預言者たち、キリスト教のイエス、イスラム教のムハンマド、これらの人々はみな試練にさらされ、多くの人々から非難され、孤立することもしばしばだった。しかし、そういう状況においっても、かれらは常に人々に向かって語りつづけている。

ときには、人々に向かって語りつづけたがゆえに、社会をまちがった方向に導く者として、糾弾されるはめに陥っている。イエスに至っては、気の毒なことに、無実の罪で処刑されてしまった。いま「イエスは無実の罪で」と書いたが、それは今日的な解釈にすぎないかもしれない。当時の保守的な指導者たちから見れば、従来の価値観を否定し、社会の秩序を乱そうとしたという意味で、イエスは無実どころか、立派に有罪だったのだろう。

それでもなお、かれらは常に人々に向かって語りつづけた。その理由は、宗教者たる自分たちこそ、民族全体や国家の命運を一身にになたい、人々を正しい方向へ導く使命を帯びていると認識していたからだ。すなわち、セム系一神教の開祖や指導者たちは、いついかなるときも、社会と真っ向から向かい合い、社会全体の救済をめざしてきたのである。

かくしてセム系一神教にとって理想的な社会のあり方は、宗教と社会が完璧に一体化して、宗教共同体と化すこととなった。そこでは、宗教と社会が分かちがたい状態になっていて、個人の内面にかかわる領域は、必ずしも最優先の課題になっていない。

もっとも、同じセム系一神教でも、宗教と社会と個人の関係は、ユダヤ教とキリスト教とイスラム教では、差がないではない。キリスト教では個人の内面が、ほかの二つに比べれば、優先される余地がある。とくに西欧近代のキリスト教では、その傾向が強い。しかし、イスラム教はいまだに固執しつづけている。イスラム教徒にいわせれば、これこそがセム系一神教のもっとも純粋な姿だからである。真正のセム系一神教を誇りとするイスラム教にすれば、これはどうしてもゆずれない一線にちがいない。

掟としての宗教

共同体のための宗教という位置付けから、必然的に求められることは、なにか。答えは、その共同体に「正しい規範」をあたえることである。もちろん、その規範は、特定の専門家だけを対象としたものであってはならず、その共同体を構成するすべての人々を対象とする内容でなければならない。

では、規範の具体的な内容は、どのようにして定めるのかというと、セム系一神教では、唯一絶対の神が人間に対して定める。人間の理性や知性は、唯一絶対の神から見れば、ごく貧しく限られたものでしかないとみなされるからである。

ただし、神から直接定められた言葉、つまり啓典だけでは、現実に起こるさまざまな事件に対応しかねるところが出てくる。そこで、開祖の言行を加味して、規範を抽出してくる。イスラム教の場合は、天啓聖典のコーランとムハンマドの言行録であるハディースをもとに、ムハンマドの後継者たちが知恵を絞って、イスラム法（シャリーア）という世俗と宗教の両面にわたる膨大な法体系を築きあげ、これを長らく運用してきた。なお、ハディースとは「水場に至る道」を意味する。このあたりは、いかにも乾燥地帯に生まれた宗教という感じがする。

さらにセム系一神教に特徴的な事実は、神と人間のあいだに「契約」がむすばれることである。人間は唯一の神をあがめたてまつり、神はそれにこたえて人間に恩恵と制裁を使い分ける。神の命令を良く守れば恩恵をあたえ、良く守らなければ制裁を科すのである。

規範が神から一方的に定められ、ゆえに絶対化されているということは、その規範が、いわば「掟《おきて》」として機能することになる。実際に、ユダヤ教の根幹には、「律法（トーラー）」という名の掟集がある。キリスト教は、ユダヤ教の内部から、ユダヤ教を批判して生まれた新宗教という誕生の由来もあって、律法に対しては否定的な態度をとる。

いっぽうイスラム教は、掟を非常に重視する。なにしろ、開祖のムハンマドにいわせれば、イスラム教こそは真正の「イブラーヒームの宗教」にほかならない。イブラーヒームとはアブラハムのアラビア語発音である。したがって、「イブラーヒームの宗教」とは「アブラハムの宗教」という意味になり、ユダヤ教の原点、というよりセム系一神教の原点に、回帰したのがイスラム教にほかならないという立場をとるためである。

コーランには、宗教上の規定はもとより、日常生活にまつわることがらが、食事の仕方から家畜の解体の仕方、結婚・離婚・寡婦・遺産相続まで、それこそ微に入り際に入り述べられている。およそ人間の活動すべてにわたり、聖と俗を分かたず、守るべき規範をきちんと定めることこそが、セム系一神教の原点に回帰したと自負するイスラム教の、イスラム教たる所以《ゆえん》なのである。

そして、定められた掟をきちんと守って生きることこそ、イスラム教徒のつとめとなる。掟をきちんと守れば、神から恩恵をあたえられ、掟を守らなければ、神から制裁を科される。

聖俗不可分

イスラム教が聖と俗を分けない、具体的には聖職者をもたないのも、同じくアブラハムの宗教を自認するゆえである。たしかに、アブラハムの時代、聖と俗という二分法はなかった。ユダヤ教やキリスト教は聖と俗をわけ、聖職者の存在をみとめるが、それはかれらが堕落した証拠だとイスラム教はみなす。セム系一神教の原点に回帰したイスラム教では、聖と俗を分かつべきではない。イスラム教は、そう考えるのである。

こういうと、イスラム教にも聖職者がいるではないか。たとえば、イラクで日本人の人質事件が起こったとき、イスラム聖職者協会と称する組織のメンバーが、犯人たちとの交渉で活躍したではないか、と反論する方があるだろう。

しかし、イスラム教で聖職者とよばれる人々は、私たちが考える聖職者ではない。結婚もゆるされている。そして、かれらは世俗の領域に積極的に介入して、社会全体を神が指し示す方向へ導くことを使命としている。仏教の僧侶のように、世俗とかかわらないことを金科玉条とする人々ではない。まあ、現代日本の僧侶のなかには、俗人以上に俗っぽい人も少なからずいるが、そういう状況は本来のあるべき姿から逸脱してそうなっているのであって、イスラム教のようにもともとそうだったというのとは、次元がちがう。

このように、イスラム教という宗教は、私たち仏教者が考える「宗教」とは大幅に異なる。この点をしっかり認識することが、イスラム教を理解することの第一歩である。

原理主義とテロリズム

それにしても、昨今、イスラム教にはあまり良いイメージがない。テログループがとかく暴力に訴えて、無辜《むこ》の民まで自爆テロに巻き込んだり、人質の首を切り落とすシーンをインターネットで流したりするのは、いくらなんでもひどすぎる。

それやこれやで、イスラム教というと、反射的に「原理主義」と「テロリズム」という二点セットが頭に浮かんでしまう読者も、少なくないはずだ。過去の歴史はともかく、現在では他の宗教は直接的な暴力の行使をいちおう否定している。そのなかで、イスラム教だけが、あいもかわらずというより、以前にも増して、暴力まみれ血まみれになってしまっている。

たとえば、イラクでテロ活動を続けている原理主義組織ザルカウィ派の幹部が、暫定国民議会の選挙を目前にひかえて、インターネット上に、こういう声明を出した。「民主主義は人間が法をつくる制度だ。神だけが法をつくれる」。すなわち、民主主義を根底から否定したのである。

さらに、同幹部は、「すべての候補者は神になろうとしている。投票する者は背教者だ」と決めつけ、立候補者や投票に向かう人々を殺害するように、自分たちの同調者に対して呼びかけたという。

かれらにいわせれば、民主主義は欧米キリスト教社会の所産である。したがって、民主主義を採用すると、キリスト教に屈服することになる。ゆえに、絶対に反対という図式になる。

しかし、それをいうなら、かれらがテロに使うミサイルやライフルなどの武器も自動車も、もとをたどればことごとく欧米キリスト教社会の所産である。大いに活用しているインターネットも、はたまたパソコンも、皆かれらが悪魔のごとく忌み嫌うアメリカの発明である。

ところで、原理主義にしろテロリズムにしろ、マスコミやジャーナリズムではけっこう適当かつ曖昧《あいまい》に使われていて、よくわからん！　という場合が少なくない。そこでまずは、原理主義とはなにか? テロリズムとはなにか? というところをおさえておきたい。ちょっと話が硬くなるが、ここらあたりをきちんとしておかないと、論旨がグチャグチャになってしまうので、ご勘弁いただきたい。

原理主義は、ある原理を絶対の真理とみなし、その原理が規定する生き方や行動だけしか認めず、反対する者や疑問をもつ者はけっして許さないという考え方である。もちろん、原理主義を信奉する者たちは、自分たちのみが真理を把握していると自負している。しかもその真理は、イスラム原理主義であれば、コーラン(クルアーン)の文言に明示されていて、なんらの解釈をへず、その文言のとおりに実践されるべきだと主張する。

また、テロリズムを、日本の公安調査庁は、以下のように定義している。なにしろあの公安調査庁の文章なので、申しわけないが、表現がどうしようもないくらい硬い。

テロリズムとは、国家の秘密工作員または国家以外の結社、グループがその政治目的の遂行上、当事者はもとより当事者以外の周囲の人間に対してもその影響力を及ぼすべく非戦闘員またはこれに準ずる目標に対して計画的に行なった不法な暴力の行使である(公安調査庁『国際テロリズム要覧』一九九三)。

テロリズムとよく混同されるものにゲリラ戦がある。しかし、テロリズムとゲリラ戦とは違う。ゲリラ戦は、①戦争のしきたり（国際法）にしたがって戦い、②軍事的な正規軍に対する補助的なものであり、③非戦闘員には手出しをしない。だが、テロリズムはこれらの約束事をまったく無視する。つまり、戦争のしきたりを無視し、非戦闘員に対しても無慈悲に暴力をふるう。

ちなみに、ここでテロリズムやゲリラ戦と比較対照されている戦争は、ふつうこう定義されている。戦争とは、社会集団が特定の意志と目的をもっておこなう戦いである。当然、そこには組織的な暴力の発動があり、それを正当化する思想的な根拠が用意されている。さらに、守られるか否かは別として、戦争にはそれなりの「しきたり」があり、今日では国際法のかたちで規定されている。しかし、テロリストは、そんなこと知ったこっちゃない！　とばかりに、当然のごとく無視する。

テロリズムは聖戦なり

次に、イスラム原理主義がテロリズムを正当化する論法を、具体的に見てみよう。かれらは、コーランの一節を取り上げて、テロリズムを、いわゆる聖戦（ジハード）として正当化する。

騒擾《そうじょう》がすっかりなくなる時まで、宗教が全くアッラーの（宗教）ただ一条になる時まで、かれらを相手に戦い抜け。（第二章第一九三節）

だが、（四ヶ月の）神聖月があけたなら、多神教徒は見つけ次第、殺してしまうがよい。ひっ捉え、追い込み、いたるところに伏兵を置いて待ち伏せよ。（第九章第五節）

たしかに、ここに引用した部分だけを読むかぎり、異教徒に対してムハンマドは情け容赦ない。暴力の発動は十二分に正当化されている。

しかし、これらの文言には、実は条件が付けられている。第二章第一九三節には、引用した一節につづいて、「しかしもし向こうが止めたなら、（あなた方も）害意を棄てねばならぬぞ、悪心抜きがたき者どもだけは別として」と書かれている。第九章第五節にも、「しかし、もしかれらが改悛《かいしゅん》し、礼拝の努めを果たし、喜捨もよろこんで出すようなら、その時は遁《の》がしてやるがよい」と書かれている。

したがって、異教徒に対する暴力の発動は、無条件にできるわけではない。情状酌量の余地はたぶんにある。ところが、イスラム原理主義者たちは、この部分にあえて触れようとはしない。

また、イスラム教は、原則として、自殺をかたく禁じている。その根拠は、コーランに書かれた次の一節に由来する。前章でも紹介したが、あらためて読んでみよう。

あなたがた自身を、殺し（たり害し）てはならない。誠にアッラーはあなたがたに慈悲深くあられる。もし敵意や悪意でこれをする者あれば、やがてわれ（アッラー）は、かれらを業火に投げ込むであろう。それはアッラーにとって、非常に易しいことである。

（第四章第二九～三〇節）

冒頭の「あなたがた自身」という言葉は「あなたがた相互」と読むこともできるらしいが、ふつうは「あなた方自身」と受けとって、ムハンマドが自殺を戒しめた箇所とされている。ところが、イスラム原理主義者の一部は、この一節を全く無視して、いわゆる自爆テロを次々に実行している。

さきほど、イスラム原理主義者たちは、コーランの文言を、なんらの解釈をへず、その文言のとおりに実践されるべきだと主張すると述べた。しかし、じつはかれらもまた、文言の一部を拡大解釈したり、あるいはあえて無視したりして、勝手な解釈をしているのである。

暴力を容認？

イスラム教にかぎらず、セム系一神教の場合、暴力との結びつきは、仏教からは想像もできないほど、強い。もって生まれた性癖といっていいくらいである。旧約聖書にとって最大の存在ともいうべきモーセからして、再三再四、無慈悲な暴力を行使している。

たとえば、シナイ山の頂上で神から十戒を授けられたモーセが、山麓に下ってきた直後、なにをしたか。かれは、その絶対的な権威のもと、自分の配下たちに、逆らった民を三〇〇〇人も虐殺させている（「出エジプト記」三二・二五—二八）。セム系一神教の原点に位置する十戒は、まさに血にまみれているのである。モーセは、その後も再三、敵対する者を、あとで陵辱《りょうじょく》するために処女を残しておいたほかは、男も女も年齢に関係なく、すべて虐殺させている（「民数記」三一・一—一八など）。

むろん、現実の歴史に展開されたイスラム教は、近代以前のキリスト教に比べ、はるかに柔軟で、他宗教との共存という状況も多々あった。たとえば、十字軍がやってくる以前のエルサレムでは、イスラム教徒とユダヤ教徒とキリスト教徒が仲良く暮らしていた。ビザンチン帝国を滅亡させたオスマントルコをはじめ、キリスト教徒出身でありながら、イスラム政権の宰相という高位に就《つ》いた人物も少なくない。

そういう歴史からすれば、ここ二、三〇〇年、欧米キリスト教社会に蹂躙《じゅうりん》され、植民地化されるなど、いいようにあしらわれてきた事態は、とうてい我慢できないにちがいない。かれらの怨念は、私たちが想像する以上に深い。

さらに、イスラム教に特徴的な考え方が、結果的にテロリズムを擁護する傾向を助長している。この世で起こるありとあらゆる自然現象および社会的な事象は、すでに唯一絶対の神アッラーによって決定されているとみなす考え方である。こういうきわめて静態的な、いいかえればダイナミズムを欠く考え方では、もし仮にみずからの意志により運命を切り開く者があらわれた場合、論理が一八〇度グルッとひっくり返って、その人物は神から選ばれた特別な存在であるとみなされる。

その結果、かれの行動がいかに極端なものであろうと、いかに悪しき結果をもたらそうと、正当化されてしまったり、黙認されてしまう可能性が高い。イスラム教においてテロリズムが正当化されてしまったり、黙認されてしまう背景にも、以上のような考え方がある。イスラム教世界に抑圧型の政権が圧倒的に多い理由にも、同じ原因が指摘されている。

私たちがなすべきことは

さて、こういうイスラム教と、私たち仏教徒は、どう向き合ったら良いのか。この問題を考えなければならない。

まず最初に確認しておくべき事実がある。それは、ほとんどのイスラム教徒は穏健で、原理主義にもテロリズムにもまったく縁がないという事実である。いいかえれば、原理主義の旗をかかげ、テロリズムの恐怖をまき散らしているのは、イスラム教のなかのほんの一部に過ぎない。イラク暫定国民議会選挙の投票率が、事前の予想に反して、かなり高かった事実も、このことを証明してくれる。この点は、きわめて重要である。

ということは、私たちは原理主義者たちを相手にする必要がない。原理主義とテロリズムが得意とする暴力という土俵に、私たち仏教徒は上がれないし、またけっして上がってはならないのである。むしろ、徹底的に無視して、穏健な大多数を相手にしていけば良い。

穏健派を相手にするときも、いわゆる宗教論争や神学論争はすべきではない。もともと「宗教」に対する考え方が大幅に異なるのだから、論争そのものが成り立ちがたい。無理して論争すれば、お互いに嫌な気分になるだけである。

では、具体的に、どうするか。この点を考える際にもやはり、知っておくべき事実がある。それは、原理主義とテロリズムが、なにゆえに生み出され、蔓延しているのか、その原因についてである。

すなわち、原理主義とテロリズムの生みの親は、イスラム教社会全般にひろがる政治的不平等と経済的貧困にほかならない。したがって、原理主義とテロリズムを撲滅するためには、政治的不平等と経済的貧困の根を断たねばならない。

考えてみれば、いまでこそ民主主義と自由を謳歌しているヨーロッパも、たかだか三、四〇〇年前は、悲惨な宗教戦争を繰り広げていたではないか。「正統な宗教」の名のもとに、いかに多くの人々が殺されたことか。日本も、明治維新の頃は狂信的に「尊王攘夷《そんのうじょうい》」を唱え、外国人だというただそれだけの理由で、「夷狄《いてき》」と嫌悪し撲滅のテロを実行していたではないか。こういう歴史をふりかえれば、将来イスラム教国が自己改革を遂げる日が来ないとは断言できない。私たちはその日の到来を、長い目で見守っていかなければならない。

では、いま現在の時点で、私たちは、なにをなすべきか。

どう考えても、政治の領域に直接かかわることは、不可能である。とすれば、経済の領域で、かかわっていくしかない。経済といっても、いわゆる経済の領域にとどまる必然性はない。十分とはいえない医療や教育の領域をも含んで、支援をしていくべきだと私は考える。それがやがて政治的な改革の呼び水になる可能性は十分にある。

その際、必要とあらば、私たちが仏教徒である事実を伏せてもかまわない。ようするに、支援が宗教絡みであることを、表明する必要はない。かれらのためになることを、粛々営々として実践すれば、それで良い。

当然ながら、見返りをもとめてはならない。

支援をてこに、日本の宗教を広めようなどというのは、もってのほかである。こういうことを書かねばならないのは、支援をてこに布教を試みようとしているところがないではないと漏れ聞くからである。

いずれにしても、イスラム教徒に対する支援では、大乗菩薩道を歩む仏教徒としての、私たち自身の信仰の深浅が問われることになるのではないか。

かつて、インドで貧民の救済に生涯を捧げたカトリックの修道女マザー・テレサは、彼女の腕のなかで息をひきとっていくヒンドゥー教徒を、ヒンドゥー教徒のまま、看取《みと》った。あえて、カトリックに改宗させようとはしなかった。なぜなら、マザー・テレサが信仰するイエス・キリストは、ヒンドゥー教徒をヒンドゥー教徒のまま、みずからのなかに受けいれてくれるくらい、広大無比の愛をもっていると、信じて疑わなかったからである。

ブッダの慈悲を実践する大乗菩薩道は、イスラム教徒をイスラム教徒のままに包み込めるほどに、広大無辺なはずである。私はそれを信じている。

第5章　自殺にどう対処するか

ネット集団自殺

集団自殺が相次いだ。しかも、その集団自殺がみなインターネットを利用して自殺志願者を募集し、実行されている。いわゆるネット集団自殺である。おまけに、自殺を遂げた年代は、若者が多い。ごく最近では、中学生までが、このネット自殺に参加している。これは、従来なかったタイプの自殺のかたちだ。

これまで自殺といえば、誰にも知られず、閉ざされた空間で、一人寂しく死んでいくというイメージが濃かった。最近でも、変な表現で恐縮だが、「ふつうの自殺」は、やはり孤独な死といっていい。

ところが、ネット自殺はまるで様相が異なる。試みに、ネット自殺を、構成要素に分けて、ごく簡単に数式化すると、ネット自殺＝自殺＋集団＋インターネットというぐあいになる。このうち、従来はほとんどなかったのは、集団という要素である。同じく、まったくなかったのは、インターネットという要素だ。

こういうと、インターネットが諸悪の根元であるかのような意見が必ず出てくる。たしかに、インターネットの影響が絶大なことは私も認める。しかし、私はこの種の意見にはくみさない。というより、この種の意見は、現実的には意味がない。

なぜなら、インターネットは、あくまで手段にすぎず、利用した結果がプラスになるのもマイナスになるのも、要は使うがわの問題だからだ。それに、いまや私たちの生活はインターネットを抜きにしては、もはや成り立ちがたくなっている。いいかえれば、インターネットがもたらすプラスはそれほど大きい。この事実をかえりみず、インターネットのマイナス面だけを、ことさら攻撃しても、なんの意味もない。

先日、良心的な報道で知られるアメリカのＡＢＣ放送を見ていたら、日本のネット自殺をとりあげていた。要旨は、ネット自殺は、いまや日本で「トレンド（流行）」になっていて、それがアメリカ人には不思議でしようがないということだった。

アメリカといえば、インターネット発祥の地である。その普及ぶりは、日本の比ではない。しかし、アメリカではネット自殺は起こっていない。少なくとも、マスコミを賑わせたりはしていない。

そういえば、お隣の韓国も、日本を上回るインターネット大国だが、ネット自殺が頻発しているという話は耳にしない。

ということは、ネット自殺は日本に固有の問題という結論になる。日本の社会あるいは文化に、ネット自殺を誘発する因子が潜んでいることになる。逆にいえば、これは、インターネットの問題ではなく、インターネットという新たな媒体の登場によって、あぶり出されてきた日本の社会あるいは文化の問題なのである。ネット自殺を論じようとするなら、まずこの点をきちんと押さえておかなければならない。インターネットだけに罪を着せて、インターネットを叩けば問題は解決すると考えるのは、浅知恵というしかない。

こういう認識を前提に、ネット自殺という、まったく新しいタイプの自殺に、仏教がどう対処すべきなのか。ここでは、それを考えてみたい。

自殺の現状

まず、現代における自殺が、全体として、どういう様相を呈しているか、を見てみよう。

平成一五年度、自殺をした人の数は、警察庁が発表している数字で、なんと三万四〇〇〇人を超えた（平成一七年には少し減って約三万二五〇〇人）。多い、多いといわれる交通事故死の四倍。死亡原因としては、第六位にランクされる。

日本では一年間に、一〇〇万人くらいの人が死んでいる。したがって、三万四〇〇〇人を超える数は、死んだ人全体の三〇分の一以上に当たる。いいかえると、死んだ人のほぼ三〇人に一人は自殺ということになる。

年代別にいうと、六〇歳以上が圧倒的に多い。具体的な数をあげると、平成一五年度で、男性が七三一二、女性が四二一七、合計して一一五二九もの方が自殺している。自殺者全体の三分の一である。

さらにいえば、次が五〇歳代、その次が四〇歳代の順で、自殺者の数が多い。つまり、現代の日本では年をとればとるほど、生きづらくなるという、まったくもって嫌な傾向があらわになってくる。

うらを返せば、若者の自殺は、私たちが想像しがちなのとはちがって、そう多くはないということになる。この点は、すでに指摘したとおり、少年犯罪が増えているとおもいこみがちな傾向とどこか似ている。

もっとも、そういうおもいこみが生まれる理由は、それなりにある。平成二年度の厚生労働省の統計によると、自殺は、男性では一五～一九歳と二〇～二四歳で、不慮の事故に次いで二位。二五～二九歳では一位である。女性でも、一五～一九歳で二位、二〇～二四歳と二五～二九歳では一位を占めている。これらの数字だけ見ていると、若者が次々に自殺しているかのような気になる。

しかし、これには数字のトリックがある。どういうことかというと、若年層は生命力にあふれていて元気だから、病気になって死ぬ数は少ない。当然ながら、死者数そのものも高齢者に比べればずっと少ない。だから、自殺者の数はさして多くなくても、総数が少ないので、全体に占める比率は高くなってしまう。この高い比率だけが独り歩きすると、若者に自殺が多いという誤ったおもいこみが生まれてしまうのである。

しかも、過去には若者の自殺率が、いまよりはるかに高い時期があった。一九五〇年代の後半から六〇年代にかけては、自殺率はいまの三倍くらいあった。逆にいえば、いまはピーク時の三分の一に低下している。これは激減といっていい。

実は、欧米では一九五〇年以降、若者の自殺は激増している。たとえば、アメリカでは、白人男性の自殺が、日本とはまるで反対に、三倍に増えている。理由は、両親の離婚、薬物乱用の蔓延と低年齢化、価値観の変化などが指摘されている。

ここで、問題は二つある。一つは、なぜ、日本でだけ若者の自殺が激減したのか。もう一つは、いままで激減してきた日本の若者の自殺が、今後もそのまま増えずにすむのか否か、である。とりわけ、二つ目の問題は、深刻だ。いま流行のネット集団自殺が、日本の若者の自殺が増えてしまう兆候でなければ良いのだが、私はその懸念を払いかねている。

うつ病との関係

精神医学の見地からは、自殺者全体のうち、三分の二くらいが、うつ病との関係を疑われている。とくに高齢者の自殺は、その大半がうつ病に由来するという指摘がある。うらをかえせば、うつ病対策がうまくいけば、自殺者の数は三分の一になる可能性がある。この点は、じつに重要である。

うつ病という言葉には、いわくいいがたい暗い響きが付きまとっている。だいいち、「鬱」という漢字が良くない。見ているだけで、滅入ってくる。だから、自殺とうつ病の二点セットと聞くと、なんとも暗鬱な気分になってしまう方も多いとおもう。

ところが、実態はそういうイメージとかなり異なる。なぜなら、精神医学の領域では、うつ病は治せる病気とみなされているからだ。

最近は、良く効いて、しかも副作用の少ない薬が開発されている。良い精神科医に出会い、心理療法とうまく組み合わせれば、比較的短い期間でちゃんと治る。一〇年来うつ病に苦しんできた人が、投薬をはじめてたった二か月で治ったという話も、よく耳にする。

したがって、うつ病と診断されても、過剰に心配する必要はない。むしろ反対に、うつ病と判明したのだから、治ると考えたほうがいい。

ここでの問題は、うつ病にかかっていても、精神科医の診察を受けたがらない人が少なくないという事実である。うつ病にかぎらず、日本では精神の領域にかかわる病気は、特別視される傾向が強い。偏見といってもいい。

嫌な表現で恐縮だが、精神病＝人間失格というイメージが付きまとう。自分が精神を病んでいることが明らかになったら最後、家庭でも職場でも、居場所がなくなるとおもい込んでいる人も多い。いや、現実に、居場所を失う可能性もゼロではない。自分がうつ病だと周囲に知れたら、職場を追われ、家族が路頭に迷うかも知れないなどと考えてしまう。

そこで、ひたすら隠す。うつ病は律儀で真面目な人ほどかかりやすいから、一人で悶々と悩む。誰にも相談できない。当然、病状はますます悪化する。かくして、悲惨な結末がおとずれる。中高年の自殺は、たいていこのパターンである。最近では、それまでもっぱら内に向かっていたうつ病が、一八〇度ひっくりかえって外に向かい、異常な攻撃性をおびて、家族や知人を殺害してしまう例も出てきている。

こうなっては、まずい。しつこいようだが、うつ病は治る病気である。ようするに、脳という「器官」の病気にすぎない。だから、胃潰瘍になったら、良いお医者さんに診察してもらい、投薬して治すのとまったく同じように、良いお医者さんに診察してもらい、良く効く薬を出してもらって、それを服用して、治せばいい。場合によっては、心理療法も効くから、受けたらいいのである。

もちろん、うつ病の治療は本人だけの問題ではない。家族や職場の理解が欠かせない。みんながうつ病に関する正しい知識をもつ必要がある。さらには、気楽に相談に乗ってくれる専門家が、身近にいることが望ましい。そのためには、どうしたら良いか。それが今後の切実な課題だが、後に論じる内容を先取りすれば、そこにこそ仏教者が働く場がある。

宗教と集団自殺

ネット自殺に、宗教が絡《から》んでいるという報告は、いまのところない。しかし、これまでは、集団自殺といえば、そこに宗教が絡んでいることは、むしろ当たり前だった。その理由を説明しよう。集団自殺をするには、死の恐怖を超えて、その集団を一致結束させるに足る強い絆《きずな》が欠かせない。それほど強い絆が形成されるためには、生死にまつわる価値観がしっかりと共有されている必要がある。となれば、そこに宗教が介在する必然性が出てくる。こういう理屈である。

集団自殺と宗教が絡んだ近年の事例をあげれば、一九七八年に南米の小国ガイアナで、教祖のジム・ジョーンズ以下、信者九一三人以上が、毒薬と銃撃で集団自殺した人民寺院の事件が最大である。一九九三年には、アメリカのテキサス州ウェイコで、ブランチ・ダビディアンという教団が、武器隠匿の嫌疑で当局の査察を受けた際、抵抗して激しい銃撃戦を展開し、教祖のブランチ・デビディアンをはじめ、子供一七人を含む八六人が、建物に火を放って、集団自殺した。一九九四年には、スイスやベルギー、フランスなどで、赤ん坊を含め、七四人の信者とその家族が集団自殺した太陽寺院の事件が起こっている。

これらの集団自殺には、三つの共通する事実がある。第一は、教祖を絶対化する、いわゆるカルト教団だったこと。第二は、終末論を根本教義としていたこと。第三は、自殺を受けいれない信者に対しても、銃撃をはじめとするいろいろな手段で、自殺を強要していたこと、である。

ちなみに、オウム真理教の最末期も、警察当局は彼らが集団自殺するのではないか、と懸念していたようだ。オウム真理教もまた、カルトで、しかも教義に終末論的な性格が濃かったことをおもえば、警察当局の懸念もゆえなきことではなかった。結果的には、予想とは逆に、外に向かって暴発したわけだが、自他に対して破壊的だった点は変わらない。

ネット自殺とオウム

その点、ネット自殺の場合は、宗教ほど確固たる価値観の共有がなく、インターネットという手段だけが共有されているかに見える。もし、彼らに共有される価値観があるとすれば、この世の生に対する絶望感や嫌悪感であろうか。

ただし、ネット自殺と宗教絡みの集団自殺のあいだに、まったく脈絡がないわけではない。というより、特有の脈絡がありそうで、そこに私は非常な危惧をいだいている。

オウム真理教を例にあげると、教祖の麻原彰晃と幹部クラスの弟子たちとは、すこぶる固い絆で結ばれていた。とりわけ、麻原が最末期に提唱した悪名高き「タントラヴァジラヤーナ」の教義が、そうだった。「グルのクローン化」が強調され、弟子たちがすべて教祖のクローンと化し、みずからの心身をもって教祖の命令を粛々として実践することこそ、彼らの最終目的である解脱への道になる、と説かれていたのである。

しかも、麻原が説いたこの教義は、麻原の指導のもとに実践された修行がもたらす神秘的な体験によって、弟子たちに、圧倒的なリアリティと権威を実感させるという構造をもっていた。麻原が修行の指導者として、たぐい稀な能力を発揮していた点は、関係者のさまざまな証言から推して、疑いようがない。したがっていったんその力に魅入られたら最後、呪縛から逃れるのは非常に難しかったにちがいない。

こんなことを述べざるをえないのは、ネット自殺でも、中心に激しい自殺願望をもつ人物がいて、死のうか止めようか迷っている者を強引に引きずり込んでいく構造が見え隠れするからだ。それは、まさにオウム真理教における麻原と弟子の関係の延長線上にあるといっていい。

さらにいえば、オウム真理教の信者になった若者たちと、ネット自殺をする若者たちには、共通する要素がある。オウムの出家信者になった若者たちの多くは、家庭や職場の中に居場所がないと感じていた。オウムを離れて実家に帰ったものの、結局は居場所を見つけられず、またオウムに戻ってしまった例もある。どこにも安住の地が見出せない、真に信じられる人がいないという絶望感。これらの点が、ネット自殺する若者たちと共通する。

やや文学的な表現を許していただけば、かつての日本全土に散布されたオウムの毒を薄めると、いまの日本をおおっている不気味な雰囲気になる。もしかすると、ミニ・オウムが、もっと一般化すればミニ・カルトが、日本全土で繁殖しはじめているのかもしれない。

ブッダは自殺を認めていた？

さて、いよいよ本題の、仏教と自殺の関係を考えてみよう。ここをきちんと認識しておかないと、足下をすくわれて、もののみごとにこけかねない。こういう脅《おど》しめいたことをいわなければならないのは、仏教にとって自殺は、いわば鬼門だからである。

いまでこそ仏教界はみなそろって「生命尊重・自殺反対！」を叫んでいる。しかし、歴史を眺めてみると、意外な事実がわかってくる。正直な話、世界中の宗教のなかでも、仏教は自殺に寛容なたぐいに入る。少なくとも、過去の仏教は自殺にかなり甘かった。

その点、キリスト教やイスラム教は、自殺に対してきわめて厳しい。原則として、自殺した人の魂は、天国に入れないことになっている。もっとも、それでも自殺を完璧には防止できないことは、第４章で、イスラム教を例にとりあげて、詳しく述べた。

仏教が自殺に寛容という事例は、いくつでもあげられる。

そもそもブッダが自殺を厳禁していたかどうか、はなはだ疑問である。初期仏典のなかには、ブッダが自殺を容認していたと受けとれる箇所がかなり見つかる。

『相応部《そうおうぶ》』では、病苦に苛《さいな》まれるヴァッカリが刀で自殺したのに対し、ブッダはヴァッカリは完全な涅槃に入ったと述べていて、まったく非難していない。同じく『相応部』や『雑阿含経《ぞう》』では、ゴーディカという修行者が、それまで六度も悟りを得ながら、その悟りがすぐに消え去ってしまうのを嘆いて、七度目の悟りを得たときに、剣をもって自殺したことに対し、ブッダはゴーディカは完全な涅槃に入ったと認定している。とくに、この場合は、悪魔が自殺を止めようとしたのに、ブッダは自殺を止めようともしていない。

初期仏典には、このたぐいの話はこのほかにもまだまだある。ブッダの二大弟子の一人だったサーリプッタ（舎利弗《しゃりほつ》）にさえも、自殺説がある。もちろん、そういう伝承のすべてがすべて、事実ではなかったろうが、仏典に記載が複数あるからには、すべてがすべて虚構とはとてもおもえない。

こう見てくると、ブッダは自殺に対し、決して推奨はしないが、かといって全面的には否定しないという態度だったことがわかる。そして、原則として、涅槃に入れるくらいの境地に達していれば、自殺もやむを得ないと認めていたらしい。

では、仏教が自殺に対して厳しい対応をするようになったのは、いつからか。どうも、大乗仏教が登場してから後、それも相当後になってからのことらしい。

もっとも、それをいうなら、キリスト教にもよく似たいきさつがあった。さきほどキリスト教が自殺に対してきわめて厳しいと述べたが、初期からそうだったかというと、必ずしもそうではない。六世紀ころになってようやく、自殺者の葬儀をおこなわないとか、自殺によって身の潔白を証明することはまかりならんとかという規定ができている。以後、キリスト教は自殺にきわめて厳しくなって、現在に至っている。

どうやら、仏教もキリスト教も、初期の段階では、自殺に対して、おおむね寛容な傾向があったようだ。逆にいうと、時代の変遷とともに、教義は変わるのである。

龍樹も善導も

大乗仏教はそれまでの仏教に比べ、自殺に対して厳しい対応をするようになったと述べたばかりだが、その大乗仏教でも、自殺が全然なかったわけではない。

まず、大乗仏教にとって最大の論師《ろんじ》（哲学者）とされる龍樹（ナーガールジュナ）に、自殺した疑いがある。龍樹は、外道との論争に勝利したあと、その外道に、「私が生きていることは、あなたにとって忌まわしいことだろうね？」と尋ね、外道が「そのとおり」と答えると、自室に入って、二度と出てこなかったという伝承がある。自殺した、という解釈も可能だ。

龍樹の弟子の聖天《しょうてん》（アーリヤデーヴァ）も、自殺にごく近い死に方をしている。彼は、外道を片っ端から論破したあげく、敵方の神殿に乗りこみ、「実在しないおまえのような者の像があるのはおかしい！」といって、あろうことか、そこにあったシヴァ神の像の両眼をくり抜いてしまった。その結果、外道の怨みを買って、惨殺されたという。これも、死を招くことがわかっていながら、あえて決行したという意味で、自爆というしかない。

どうもインド中観派《ちゅうがんは》の巨匠たちは、過激な面があって、尋常ではない死に方をした人が出た。たとえば、後期中観派を代表するシャーンタラクシタも、その弟子のカマラシーラも、布教におもむいたチベットの地で、仏敵を徹底的に論破したあと、聖天と同じように、怨みを買い、残酷な手段で暗殺されている。私には、これらの人々が遂げた非業の死が偶然とは思えない。「空」の思想がもたらす覚悟の死だったのだろうか。

ところ変わって、中国浄土教を大成した善導にも、自殺説がある。極楽浄土を信じるあまり、長安の光明寺に生えていた高木から、西方に向かって捨身往生《しゃしんおうじょう》、すなわち投身自殺したらしい。その信者のなかからも、後追い自殺して、一刻も早く極楽浄土へ往生しようとした者が続出したという。生命尊重を金科玉条とする現代仏教の立場からすると、ほんとうに困った死に方である。

というぐあいに書いてくると、現代日本で仏教者がネット自殺をうんぬんする資格を疑われかねないと、暗澹《あんたん》たる気持ちになった読者も多いとおもう。いや、実はそうではない。仏教者はこの問題に真っ向からとりくむに足る十分な資格と能力をもっていて、しかもその根拠が、日本仏教の祖師たちの思想と行動にあることを、ぜひともお話ししたい。

自殺を美化してきた伝統

そもそも仏教は必ずしも自殺を厳禁してこなかったと述べた。仏教のそういう部分から影響を受け、かつての日本には自殺を、厳禁するどころか、美化する傾向すらあった。美化された自殺の典型は、武士の切腹と殉死、そして庶民の心中《しんじゅう》である。

武士の切腹と殉死については、儒教の「義」の思想が影響しているという指摘がある。しかし、さらにその後景に、仏教がはぐくんできた無常観がわだかまっていることは疑いようがない。庶民の心中についても、浄土信仰の世俗化されたかたちという指摘がある。すなわち、厭離穢土欣《おんりえどごん》求浄土《ぐじょうど》という考え方が、すこぶる即物的に働けば、心中になる。

切腹と殉死は、第二次世界大戦の終結とともに、ほぼあとを絶った。しかし、心中は、依然として、なくならない。流行したネット自殺にも、心中の匂いがかすかにただよう。複数の人間が同時に自殺するという形態のうえでは、なるほどネット自殺も立派に心中の条件を満たしている。

率直にいって、日本人の心のなかには、いまでも自殺を美化する傾向があるとおもう。「残された子が不憫《ふびん》だから」といって、子どもを道連れにして、心中する親がいるのも、またそれを「たしかに、子どもだけ残されたら不憫よね」といって、妙に納得してしまう私たちがいるのも、自殺を美化する傾向のなせるわざなのかもしれない。自殺を美化するまではいかなくても、仕方ないと感じる日本人は多いはずだ。おそらく、私たちの多くは、心のどこかで、自殺を容認しているのである。

このことが、日本でばかりネット自殺が頻発し、日本以上にインターネットが普及しているアメリカや韓国で、ネット自殺が頻発しない理由と、まちがいなくつながっている。

祖師たちの死生観に学ぶ

仏教には自殺を必ずしも自殺を厳禁してこなかった歴史があると、くどいくらい述べてきた。しかし、仏教には、自殺を厳禁してきた歴史もある。そして、自殺を厳禁してきた歴史は、日本の祖師仏教にこそ、見出せるのである。この事実は非常に重い。

したがって、現代社会に蔓延する自殺願望を、根底から断つためには、日本の祖師仏教に学ぶ必然性がある。これが、私の結論にほかならない。

いま、日本には、大きな宗派だけでも一〇以上もある。それら宗派の名と開祖の名を、成立した時代の順にあげてみよう。

①法相宗＝道昭　②華厳宗＝良弁　③律宗＝鑑真
④天台宗＝最澄　⑤真言宗＝空海　⑥融通念仏宗＝良忍
⑦浄土宗＝法然　⑧浄土真宗＝親鸞　⑨時宗＝一遍
⑩臨済宗＝栄西　⑪曹洞宗＝道元　⑫日蓮宗＝日蓮
⑬黄檗宗＝隠元

ここにあげた祖師のなかには、自殺した人物はいるだろうか。むろん、一人もいない。自殺を奨励した人物もいない。みなそろって、最後の瞬間まで懸命に生き、使命を全《まっと》うした人物ばかりである。

祖師というと、若い頃の艱難辛苦《かんなんしんく》はともあれ、恵まれた晩年を送ったにちがいないとおもい込んでいる人も多い。ところが、事実はそうとは限らない。その反対に、悲惨無惨な晩年を送らざるをえなかった祖師も、けっして少なくない。いや、生涯にわたって、苦難の連続だった人物すらある。

少し例をあげれば、親鸞の最晩年は、後継者と頼んだ息子がとんでもない妄説を信者にひろめたというので義絶し、家族の経済状態は不安だらけ、出来の良くない息子が別にいて、それらの心配で寧日《ねいじつ》なかった。むろん、当時の親鸞はほとんど無名のままである。

日蓮は、最晩年の五年間、猛烈な下痢をともなう慢性胃腸障害に悩まされ、おまけに食べるものにも事欠いて、しばしば餓死寸前となり、権力からの弾圧はやまず、殺される弟子もあれば、裏切る弟子もいた。

いずれも惨憺《さんたん》たる状態である。しかし、たとえ、そういう境遇に置かれても、祖師たちは自殺とは無縁だった。

さきほど、私たちの多くが、心のどこかで、自殺を容認しているのは、自殺を美化してきた歴史に由来し、さらにそれは無常観や浄土思想が世俗化した結果だと述べた。世俗化は、仏教が人々のあいだに広まるためには不可欠の過程だ。ところが、下手をすると、その裏面で、仏教の真意が見失われ、俗っぽい心情に媚《こ》びてしまうことにもなりかねない。自殺の美化や容認にも、そういう面が見え隠れする。

それを克服するためには、祖師の原点に立ち戻って、その言葉に耳を傾け、その行動に学ぶ必要があると私はおもう。

仏教と社会性

日本仏教、ことに日本の祖師仏教が自殺と無縁だった背景には、インド仏教と日本仏教の質的な相違が指摘できる。

まずいえることは、インド仏教は、ブッダからはじまって滅亡するまで、個人の精神的な救済しか求めていなかった。それに対して、日本仏教は、ある程度まで、社会全体の救済を求めてきた。ごく簡単にいえば、インド仏教は社会性をもたなかったのに対し、日本仏教は社会性をもっている。

こういうと、インド仏教の大乗菩薩道には社会性があるじゃないか！　という反論があるかもしれない。しかし、インド仏教における大乗菩薩道は、菩薩＝すぐれた個人が多くの人々の救済に邁進するという発想が根底にある。そして、主たる目的は、社会的な救済が成就するか否かというところにはなく、菩薩の名に値するすぐれた個人をいかに生み出すかにある。ようするに、団体戦ではなく、個人プレーの考え方なのである。

さらにいえば、インド仏教は一三世紀の初頭に滅び去ったために、その後の社会変動を経験する機会をもてなかった。いいかえれば、古代社会しか経験していない。近代化して、利害が複雑に絡《から》み合う社会を、インド仏教は知らない。当然ながら、近代化した社会に対応できるノウハウはもっていない。

その点、日本仏教はかなり早い段階から社会性をもちつづけてきた。空海が学校をつくったり、橋を架けたり、貯水池を造営したのは、一二〇〇年も前の話である。その後も、病人救済のような、すこぶる具体的な社会貢献の歴史がある。しかも、日本仏教は、インド仏教が経験できなかった中世以降の歴史を経験し、世界でも稀に見る近代化をも経験してきた。この事実をけっして軽んじてはならない。

インド仏教以降の大乗仏教という点では、チベット仏教も同じカテゴリーに入る。しかし、チベットの社会は、日本でいえば中世の段階にとどまりつづけ、近代化はおろか、近世すらも経験してこなかった。その意味では、チベット仏教もまた、近代以降の社会に対応できるかどうか、大きな疑問をはらんでいる。

こう見てくると、日本仏教の独自性と優位性が明らかになってくる。私たちは、日本仏教を過小評価してはならないのだ。

一遍と一休

さきにあげた祖師のうち、自殺について自分の考えをはっきり述べている人物がいるので、その見解を聞いてみよう。その祖師とは、時宗の開祖、一遍。時期は、臨終の間際の正応二年（一二八九）八月二日。場所は、兵庫の観音堂である。

この日、旅に病み衰えた一遍は、最後の法談をもよおした。道俗ともに、たくさんの聴衆が参集した。このとき、一遍はこう語った。「我、臨終の後、身をなぐるものあるべし。安心さだまりなば、なにとあらむも相違あるべからずといへども、我執つきずしては、しかるべからざる事なり。仏道の人身をむなしくすてむこと、あさましきことなり」

すなわち、私が死んだならば、あとを追って身投げをする者があるにちがいない。極楽往生が決定していれば、何があってもかまわないとはいえ、我執が尽きないうちにそうなってはよくない。せっかく人間に生まれあわせて、仏道の修行に励めるというのに、それを無駄にするとは、いかにも残念ですといって、落涙したという。

日本仏教の自殺禁止論は、一遍のこの考え方をもって、典型とする。逆にいうと、ここで一遍が展開している自殺禁止論は、なにも一遍の独創ではない。歴代の仏教者によって、幾度となく、語られてきた論旨である。「せっかく人間に生まれあわせて、仏道の修行に励めるというのに、それを無駄にするとは、いかにも残念です」という考え方こそ、仏教信仰にもとづく自殺禁止論の骨子にほかならない。他の祖師たちの考え方も、おおむね同じといっていい。

もっとも、自殺を考えたこともない人物ばかりでは、自殺願望の人の心はわからないという意見があるだろうから、日本仏教の歴史から、自殺を試みた人物の話をしておこう。その人物とは、室町時代の禅の達人、一休である。

一休という人は、いわゆる「破戒風狂」。破天荒な生涯を送ったことでよく知られている。その一休が、若い頃、自殺をはかった。二二歳のとき、師の謙翁《けんおう》が死に、傷心の一休は琵琶湖で投身自殺をはかったものの、死にきれずに助かったとも、いや自殺をおもったものの、実行はしなかったともいう。

自殺が未遂に終わった理由は、母へのおもいだったという。ここで自分が死んでは申し訳ないと考えて、止めたようだ。

じつは、ここが大事なところである。母ゆえに、一休の自殺は未遂に終わった。自殺に関するいろいろな報告を読むと、母の存在こそ、自殺が未遂に終わった原因の第一という。すべてを許し受け入れてくれる存在としての母。そういう母の不在こそ、ネット自殺が頻発している真因の一つにちがいない。

捨身の思想

日本仏教の自殺をめぐるさまざまな言動を考えるとき、避けて通れないのが「捨身《しゃしん》」である。ここには、仏教の宗教としての本源がかかっているので、少し論じておきたい。

考えてみれば、断食の果ての死もまた、みずからの意志によって、みずからの生命を断つという意味で、おだやかな自殺といえないでもない。となれば、日本仏教を代表する空海や良弁《ろうべん》、円空はもとより、穀を断って、死後にミイラ化することをめざした即身仏たちも、極論すれば、自殺といえるかもしれない。

このあたりは、修行の一環か自殺か、はたまた回向《えこう》か、すこぶる微妙な問題だ。

しかし、私は自殺とはおもわない。彼らの死に方は、自分が成仏することで、他者の救済を一刻も早く果たしたいという理念にもとづいている。つまり、修行の一環もしくは回向とみなすべきである。あるいは、布施行とみなしてもいい。

そう考えれば、彼らの死に方は、自殺とはいいがたい。逆にいえば、自分自身のことしか考えずに、みずから生命を断つ行為こそ、真の自殺とみなすべきかもしれない。

同じことは、捨身供養にもいえる。釈迦の前世譚として有名な「捨身飼虎《しゃしんしこ》」のエピソードが、その原型である。さらに極端な実例では、みずからの身体に火を放って死ぬという事件が、ベトナム戦争中に起こった。

あのとき、ジャーナリズムがこの事件を「焼身自殺」と報じたのに対し、仏教界の一部から、いやあれは自殺ではなく、「焼身供養」である、仏典に根拠が求められると反論が出されたりと、侃々諤々《かんかんがくがく》の論争があった。

私自身の見解を述べれば、捨身供養は自殺のカテゴリーに入れるべきではない。なぜなら、捨身供養も、おのれのためのではなく、他者の救済という理念にもとづいて、実践されているからだ。

宗教の宗教たる所以《ゆえん》の一つは、「他者のためには、あえてみずからの生命を投げ出すこともありうる」というところにこそある。したがって、「他者のためには、あえてみずからの生命を投げ出すこともありうる」という点に限っては、たとえ世俗の常識に抵触しようとも、宗教として絶対に守らなければならない一線だと私は確信する。それを失ったら、宗教は宗教でなくなってしまう。

そして、さきほど例にあげた一遍が「せっかく人間に生まれあわせて、仏道の修行に励めるというのに、それを無駄にするとは、いかにも残念です」と指摘している点は、注目されていい。この考え方は、歴史的には自殺に寛容だったといわざるをえない仏教が、自殺を禁じるための、ひじょうに有効な根拠になる。

この一遍の指摘と、「他者のためには、あえてみずからの生命を投げ出すこともありうる」という考え方を、どう整合させ、どう行動するか。そこに、私たち日本の大乗仏教徒の課題がある。

「ドクター和尚ネット」構想

この章のまとめとして、ネット自殺を防ぐための具体的な方策を提示したい。私が提案したいのは、僧侶でしかも医師のネットを構築することだ。これを、仮に「ドクター和尚ネット」構想と呼んでおこう。

僧侶の資格をもちながら、しかも医師という人は、おもいのほか多い。たとえば、つい先日、三〇歳代の僧侶で医師の方と話としていたとき、彼が属している某宗派では、同世代のうち、約一〇%が医師になっていると聞いた。この数字は、驚異的に高い。

ただし、一つ問題がある。それは、僧侶である事実を知られたくないと考えている医師が、少なからずいることだ。その理由を尋ねると、患者さんから「縁起でもない！」と嫌われるに決まっているというのである。

しかし、私の経験からすると、「縁起でもない！」はもはや過去の話だ。いまは、僧侶で医師であることが尊敬の理由になる。

なぜなら、かつて僧侶は医師でもあったからだ。『解体新書』を出版して、日本に医学革命を起こした杉田玄白みたいに、江戸時代の医師が、法体といって、頭を剃り上げ、僧侶の姿形をしているのも、僧侶が医師だった時代のなごりである。そもそもブッダの説法は、医師が患者を診察するときの方法論に沿っているともいわれる。

ようするに、僧侶の資格をもちながら、もっぱら医師としてのみ活動されてきた方に、僧侶としての活動を望みたいのである。といっても、はじめから特別なことをする必要はない。まず最初におこなっていただきたいのは、自分が僧侶であると明示することである。この一点だけでも、事態は大きく変わる。あえていえば、その瞬間に、身体だけの医師から、心身両面にわたる医師になる。

次の段階では、僧侶でしかも医師という方々を、インターネットを利用して、組織したい。これが、さきほど提案した「ドクター和尚ネット」の構築である。私はインターネットそのものを頭から否定しても、なんの意味もないと繰り返し述べた。むしろ、その逆に、インターネットを利用すべきなのだ。インターネット上で起こっている事態に対処するには、インターネットを用いるしか、すべはない。

あらためていうまでもないが、「ドクター和尚ネット」に、宗派は関係ない。当然、超宗派である。医療の分野も問わない。ただ、目下の問題にほかならないネット自殺に関しては、精神医学の領域から参加されることを切に望んでいる。

課題は、この「ドクター和尚ネット」を、どこがどういうかたちで集約し運営していくか、だ。なによりも、まず最初に必要なのは、情報の集約先をきちんと設定することである。

第6章　死に方を学ぶ——空海・法然・親鸞

良い死に方がわからない

良い死に方がわからないから、良い生き方もわからない。そういう日本人が激増している。ネット集団自殺は、そのもっとも悪しき典型である。

しかし、良い死に方がわからないから、良い生き方もわからないのは、なにもネット集団自殺にはしる人々に限らない。ごくふつうに年をとっていく、ごくふつうの人々の多くも、ほんとうは同じ問題をかかえている。

すなわち、どういう死に方をするか。死に至るまでの時間をどう生きるか。人生八〇年を超える時代をむかえて、それが大きな問題になりつつある。

なにしろ、人間の死亡率は一〇〇%である。人生に長短はあっても、死は誰の身の上にも、いつか必ずおとずれる。この真理は、未来永劫にわたって変わらない。

ところが、いま、私たちの眼前から、死は可能なかぎり、遠ざけられてしまっている。具体的な例をあげよう。死をどこで迎えるか、その場所について、である。

かつて日本人のほとんどは、自分の家で、家族に見守られながら、死んでいった。しかも、世代の異なる人々が同居する大家族がごく普通だったから、高齢者も多く、死に遭遇する機会は多々あった。子どもたちも、いやおうなく、死を目にせざるをえなかった。

しかし、いまはちがう。死はもっぱら病院のなかに閉じ込められていて、死を直視する体験はなかなか得られない。家族も核家族が中心で、もともと人数が少ないから、死に出会う機会は、以前に比べれば、はるかに少ない。おまけに延命治療の発達や脳死の問題は、その人がいつ死んだのかすら、よくわからない事態をまねいている。

しかも、現代の日本は世界的にも稀な高齢化社会である。長生きすることはまことにけっこうだが、その分だけ、死ぬことが難しくなっている。

考えてみれば、人生五〇年といっていた時代は、生きることも死ぬことも、ある意味で簡単だった。短い時間のなかで、ただ無我夢中で生きていさえいれば、いつの間にか死が訪れてくれたからである。いまはそうはいかない。こう寿命が延びてくると、生きることも死ぬことも、簡単には済まない。幸か不幸か、悩む時間もたっぷりある。

なかでも切実なのは、男性なら、定年退職したあとの時間の過ごし方。女性なら、定年退職して時間をもてあましている夫との時間の過ごし方である。なにをどうしていいか、よくわからないという人が少なくない。

その一因は、現代人の死生観がひどく混乱してしまっていることにある。とりわけ死に対処する智恵のたぐいは、混乱どころか、まったく見失われてしまっているといってもいい。理由はさまざまある。太平洋戦争の当時、死を過剰に讃美して、多くの人々に死を強要したこと。その反動からか、戦後の日本では、死を論じること自体、タブー視されてきたことなどが、指摘できる。

日本仏教に学ぶ理由

では、死に方を誰から学ぶか。それが問題だ。以前から私は、自然観については、日本仏教を基本にすべきだと考え、日本仏教の自然観がいかにすぐれているか、すでに述べた。

死生観についても、やはり日本仏教を基本にすべきだとおもう。なぜなら、自然観にしろ死生観にしろ、その国や地域の風土や歴史と深くかかわって、成り立ってきている。知的なだけではダメで、情的な要素が欠かせない。いわば、感性の領域の問題である。したがって、外国から持ち込んできても、違和感だけが目立って、どうにもしっくり来ない。

私が長らくかかわってきたチベット仏教も、たしかにすぐれた智恵の宝庫だが、自然観と死生観に関するかぎり、日本人の感性にそぐわない。チベット仏教の生と死にまつわる智恵はなるほど強靱《きょうじん》かもしれないが、日本仏教のような繊細さや柔軟さに欠けている。日本仏教なら、木葉一枚落ちただけでも、そこに生と死の営みを見出すが、そういう感性にチベット仏教は縁がない。それやこれやで、ちょっとかなわんな、という気がする。

日本には、神道もある。たしかに、神道も深い智恵をたくさんもっている。だが、死を忌む傾向がことのほか強いので、死に方の領域については、惜しいかな、仏教に及ばない。

日本仏教のなかでは、とりわけ祖師たちの死に方に学ぶべきだと私は考えている。なぜかというと、祖師たちこそ、ありとあらゆる面において、最高のモデルケースだからである。日本仏教は一五〇〇年近く、膨大な数の、かつ個性あふれる人々によってになわれてきたゆえに、死に方一つをとっても、学ぶにあたいする人々の数も半端でなく多い。そのなかでも、祖師たちの死に方は、やはりピカイチである。これを使わない手はない。

ということで、祖師たちの死に方を学んでいきたい。ご存じのとおり、「学ぶ」の原義は「真《ま》似《ね》ぶ」という。したがって、祖師たちの死に方を真似たら、私たちにも立派な死に方ができるかもしれない。少なくとも、多少なりともましな死に方ができるかもしれない。

かくして、もし死に方が少しでもわかれば、死に至るまでの時間は、それまでとは比較にならないくらい、生き生きした意味をもってくるとおもわれる。死に方から逆算して、生き方を充実させる。そういう生と死のあり方を、ごいっしょに学んでいきたい。

最初の事例に、空海をあげてみたい。

空海の死病

空海が死病に遭遇したのは、五八歳の春である。もう少し詳しくいえば、天長八年（八三一）の四月晦日、空海の身に癰《よう》を生じた。癰というのは悪性の腫物である。現代医学では、「皮下深部の筋膜炎を伴う、局所性ブドウ球菌性皮膚感染症」と定義されている。ようするに、極めて悪性のできものである。しかも、合併症を起こしやすく、たとえ治癒しても、内臓のみならず、精神面にも、甚大な悪影響をのこすという。

自分の病状がただならぬことを知った空海は、癰が発症した三週間ほどあとに、大僧都《そうず》という公的な僧職を辞する上表文を淳和《じゅんな》天皇に捧呈した。そこには「去月盡日、悪瘡起身、吉相不現（先月の晦日に悪性の癰が身体に生じ、回復の兆しが現れません）」（『性霊《しょうりょう》集《しゅう》補闕鈔《ほけつしょう》』巻九「大僧都空海嬰疾上表辞職奏状」）とある。

空海の遺言をおさめた『御遺告《ごゆいごう》』によれば、彼は当初、一〇〇歳の寿命を予定していたらしい。なにごとにつけ用意周到な人物だから、その一〇〇年間になすべきことを綿密に計画していたとおもわれる。しかし、病に倒れ、その後の回復もおもうにまかせないとわかったとき、明敏な空海は、自分にさほど時間が残されていないことを悟ったにちがいない。かくして一〇〇年の壮図は、突如として変更を余儀なくされた。

この時点から、空海の最晩年が始まった。それは、目前に迫った死といかに向かい合うか、残された時間のなかで何をなすべきか、という課題を核に進んでいく。

さきほど示した、いわば辞表は受理されず、天皇は空海の慰留につとめた。空海の体調も、癰を発してから四ヶ月後の九月下旬には活動を再開したと史料に見えるので、かなり持ち直したらしい。

上表文を淳和天皇に奉った時点では、空海は自分の余命がほとんど残されていないと考えていたにちがいない。結果的には、癰そのものはまもなく治った。その後、おそらくは後遺症に悩まされながらも、あと四年近い生命を保つことができたのだから、なにも急いで辞表を提出する必要はなかったとも考えられる。いささか早まった感がある。やはり動揺したのだろう。死病に像遇して、空海ですら動揺するなら、私たちが動揺するのは当然である。こういう事実を知っておくと、気がとても楽になる。ただし、一時は周章狼狽《しゅうしょうろうばい》したとはいえ、空海はまもなく立ち直った。そして、残された時間を、もののみごとに生き直したのである。その切り替えは、学ぶにあたいする。

吾れ永く山に帰らん

その後、空海は職責を継続していたが、翌年の天長九年の一二月一二日に至ってついに公務を辞し、高野山に帰ることを決意した。かねてからの懸案にいちおうの目途がついたためかもしれない。

懸案というのは、宮中に鎮護国家の宗教儀礼をいとなむ宮中真言院の設置。正月早々、神道の儀礼に引き続き、天皇をあらゆる邪悪な存在から霊的に守護する後七日法《ごしちにちほう》の実施。自派の僧侶を年に三名、国家の認定のもとに出家得度させる年分度者の実現。そしていままで空海の私寺であった高野山金剛峰寺を定額寺《じょうがくじ》（国家公認の寺）に昇格させることなどである。いずれも、みずからが開発した日本型密教の今後を決定づける施策といっていい。

くわえて体調がおもわしくなく、いよいよ最後の段階に入ったと判断した可能性もある。これ以上体調が悪化した場合、遠路はるかな高野山への旅に堪えられなくなってしまう。そういう危惧もあったとおもわれる。

空海と高野山の関係は、いまだ全く無名の青年時代、山野を跋渉《ばっしょう》していたころに生じたらしい。弘仁七年（八一六）、空海は嵯峨天皇に請うて、高野山の地を賜った。かくておのれの入定《にゅうじょう》の処（瞑想修行の場）とさだめ、草庵をむすんで以来、激務を押して年に一度は必ず彼《か》の地を訪れていたというから、よほど気に入っていたにちがいない。

空海自身の言葉によれば、「私の本性は山や水のような自然を好んで、世俗のことには疎《うと》い。浮雲のごとく、漂泊する人間なのだ。年をとって臨終の時は、必ずこの窟《いわや》の東の方で迎えたい」（『空海僧都伝』）という。「人事」に長《た》けて権力者の間を自在に往来した空海の言葉ともおもえないが、最晩年の行動から見れば、本性は案外このとおりだったのかもしれない。

さらにもう一つ、空海が高野山を臨終の地に選んだ積極的な理由があった。空海は高野山を、彼の密教の中枢にあった金剛頂経が説く金剛界マンダラそのものとみなしていたのである。日本列島の古い伝統と最新の密教との融合をしめす、またとない例証といえる。

実は、高野山にのぼった天長九年の一二月から入滅を遂げる承和二年の二月末までの二年あまり、空海はほとんど穀類を断っている。『空海僧都伝』には、弟子たちがまともな食事をとってくださいと懇望したのに対して「止みね、止みね、人間の味を用いず」と答えたとある。おそらく、避穀の行、すなわち脂肪分を含む穀類を摂取せず、わずかな木の実などを食して、身体を浄化する修行に入ったものとおもわれる。

しかも、この間、さきにあげた懸案をさらに完璧に成就すべく、高野山上から平安京に向かって朝廷への上奏と弟子たちへの指示を繰り返している。飲食をほぼ絶っていたのだから、体力はいやおうなく落ちていたはずである。並の人間なら、考えることすら面倒になる。まして国家の安危や教団の行く末を考え、ふさわしい手を打つなど、想像しただけでも、いやになる。しかし、空海はそれに耐えた。

すでに承和元年の五月二九日には、弟子たちを集め、自分がまもなくこの世を去ることを告げていた。このとき空海が発した言葉が、かの有名な「吾れ永く山に帰らん」(『空海僧都伝』・『御遺告』)である。同じ年の九月初めには、みずから葬るところを定めた。

承和二年の正月からは、水気や流動食すらも断った。死の準備も最終段階に入ったのである。そして春、三月の二一日に空海は入滅した。ながらく飲食を絶っての死だから、身体の機能は徐々に衰微していたはずで、眠るがごとき、極めて静謐《せいひつ》な死であったことは疑いない。生と死の境界を、空海はひょいと超えたのだろう。あるいは生と死が連続していて、見守っていた人々も、いつ空海が旅立ったか、わからなかったかもしれない。

空海は自分の望んだとおりの死に方を遂げた。権力の中枢だった平安京をあっさり離れ、高野山に帰って一生を終えた。空海はかなり早い時点からおのれの死を計画し、粛々と実行したようだ。

凡人にはむずかしいかもしれないが、空海のように、理想の死に方を求めて計画を立て、それを貫くか。それとも、空海の逆をいって、徹底的に執着するか。いずれにせよ、なにごとも徹底すれば、それはそれで道が見えてこないともかぎらない。

ライヴァルたちとの熾烈な人間関係を体験して、人事の妙を知り尽くした空海ならば、徹底的に執着するという選択に、「それもまた可」といってくれそうな気がする。いちばん愚かしい選択は、ああしようか、こうしようかと迷いつづけ、中途半端な気持ちのままで、最終段階をむかえることだ。空海の最期は、それを教えてくれる。

法然と親鸞

つぎに、法然と親鸞に、死に方を学びたいとおもう。ご存じのとおり、法然は浄土宗の開祖、親鸞は浄土真宗の開祖である。そして、二人は師弟の関係にあった。つまり、きわめてよく似た環境に生き、死んだといっていい。

法然と親鸞は、ともに浄土思想の信奉者だった。いうまでもなく、浄土思想は、どうすれば極楽浄土へ往けるか、が主題になる。その意味で、数ある仏教思想のなかでも、死に方にまつわる極めつけのエキスパートといっていい。したがって、法然と親鸞の死に方から、私たちが学べることもひじょうに多いはずである。

法然の過酷な晩年

鎌倉幕府が成立して間もない建暦二年（一二一二）の正月二五日、法然が入寂した。年齢は八〇歳だった。

法然の晩年は、きわめて過酷だった。弾圧にさらされ、流罪の憂《う》き目を見た。

六六歳のとき、京都政界の大立て者であり、法然の支持者でもあった九条兼実《かねざね》にもとめられて、『選択《せんちゃく》本願念仏集』を書いたことが、そのきっかけになった。この書物において法然は、阿弥陀如来の本願を信じて、自力《じりき》によらず、もっぱら他力《たりき》によって、ただひたすら南無阿弥陀仏と称《とな》えるタイプの念仏、つまり専修念仏《せんじゅねんぶつ》こそ、この末法の時代における極楽浄土往生の決め手だと主張した。これが既成の教団からの猛反発をまねいた。

さらに、問題が起こった。弟子たちや支持者のなかから、専修念仏で極楽浄土へ往生できることが決定したからには、あとは何をしてもかまわないと短絡する連中が出てきてしまったのである。法然自身は生涯にわたって、きびしい禁欲を貫いたが、弟子たちや支持者にはすこぶる寛容で、必ずしも禁欲を強《し》いなかった。そういう優しさも、裏目に出た。

こののち、法然の晩年は弾圧と流罪の日々に明け暮れることになる。わけても中世を通じて最大の宗教的権威だった比叡山延暦寺や南都の興福寺を敵にまわしてしまったから、状況は最悪である。彼らは繰り返し念仏禁止を朝廷に訴えつづける。

折悪しく、弟子の安楽房遵西《じゅんさい》や住蓮《じゅうれん》という僧侶が別時念仏会《え》を修したとき、法然の教えに帰依した貴族の女性らがひそかに参会した。そのなかに、当時の京都政権を掌握していた後鳥羽院につかえる女房もいて、遵西や住蓮と密通したと噂されたのである。これが上皇の耳に入ってしまった。

事実か否かは、よくわからない。専修念仏に反対する勢力による陰謀だったのかもしれない。しかし、事実か否かはもはや問題ではなかった。後鳥羽院は、激怒した。彼は、のちに鎌倉幕府の転覆を謀《はか》って承久《じょうきゅう》の変《へん》を画策したほど、激越な性格の持ち主だったから、これは致命的だった。

ついに建永二年（一二〇七）、院から専修念仏を停止する命令が出されてしまった。法然、七五歳のときのことである。

事件の張本人だった遵西と住蓮は、京の六条河原において打ち首にされた。おのれが説いた救済のための教えが、弟子たちに死を、それもまこと無惨な死をもたらしてしまった法然の無念さは、いかばかりだったか。察するに余りある。

師の法然もまた、弟子の不祥事の責任を問われて、流罪となった。九条兼実《かねざね》が奔走したものの、決定はくつがえらなかった。しかも、配流先の讃岐に到着の直後、法然は最大の支持者だった九条兼実の死を知ることになる。

同じ年の一二月、ようやく赦免の沙汰がくだった。もっとも、京中への帰還は許されず、摂津の勝尾寺《かちおでら》に侘び住まいをよぎなくされた。

最期の日々

四年後の建暦元年（一二一一）の一一月、やっと帰洛が許されたときには、法然の健康はかなり衰えていた。耳も遠くなり、目もあまり見えなくなっていたという。八〇歳近い高齢だから、無理もない。明けて建暦二年の正月になると、衰弱が目立つようになった。前からいたく細くなっていた食事も、ここに来てほとんどとれなくなった。

ところが、ここで不思議なことが起こった。『法然上人伝記（醍醐本）』などによると、正月二日の話らしい。体力の衰えとは裏腹に、急に耳がよく聞こえ、目もよく見えるようになったのである。そして、覚めているときに声高く念仏を唱えつづけるのはもちろん、眠っているときでさえも、舌や口が自然に動いて、念仏三昧《ざんまい》の状態がつづいたという。

そんなある日、法然が目覚めているときに、弟子の一人が「このたびの往生はいかがなものでしょうか」と尋ねた。法然はこう答えた。「極楽浄土はもともといた故郷だから、往生は故郷に帰るようなものさ」

この言葉ほど、法然が到達した境地を、端的に物語るものはない。この世から極楽浄土までは十万億土の距離があるとされる。十万億土というのは、この世から極楽浄土までの間に、それぞれの如来たちが主宰する浄土（仏国土）が十万億あるという意味である。想像を絶する距離であり、無限とほとんど同義といっていい。

にもかかわらず、その彼方が自分の真の故郷であり、死んだらまたもどるまでと法然はいう。極楽浄土を特別な場所とみなす気配すらも感じられない。ついそこの、住み慣れた家に帰るような、そんな軽さがある。日本の宗教史上でも、ここまで生と死の境界を軽やかに超えることができた人は、きわめて稀である。

愚痴にかえる

正月二三日には、弟子たちから念仏の肝要について何か形見を残してほしいと懇望され、『一《いち》枚《まい》起《き》請《しょう》文《もん》』という文章をみずからつづった。衰弱はなはだしかったはずだが、精神はいまだ健全、というよりいっそう透徹し、最後の力を振り絞って書き上げたとおもわれる。

そこには、称名念仏こそ肝心であり、「愚痴にかえって念仏すべし」と書かれていた。「愚痴にかえって」とは、智恵や学問を捨て去り、無知な者になれという意味で、なまじ智恵や学問があると、極楽往生の妨げになることをさとしている。智恵や学問のある人は、とかく疑い深くなる。称名念仏のような簡単な行だけで、ほんとうに極楽浄土へ往生できるのかどうか、疑心暗鬼になる。ともすると、称名念仏以外の行も、万一の保険よろしく実践したくなる。他力を捨てて、自力に頼りたくなる。ひいては阿弥陀如来の本願すら疑惑の眼差しで見かねない。もし、そうなったら、極楽往生はまったくおぼつかない。だから、「愚痴にかえって念仏すべし」というのである。

二日後の二五日、最期のときが訪れた。法然は、師の叡空から受け継いだ慈覚大師円仁《じかくだいしえんにん》伝来の袈裟を身につけ、頭を北に顔を西に向けて、念仏を称えつつ、しずかに極楽浄土へと旅立っていった。

こうして法然はみごとに往生した。ところが、世間の口うるさい輩《やから》は、偉人の往生には必ずあると信じられていたさまざまな奇瑞《きずい》が生じなかったことに、不満たらたらだった。至って即物的な信仰しかもちえなかった当時の人々を、真の信仰に目覚めさせ、救済することがいかに難しいか。法然の苦労がしのばれる。

不遇な生涯

鎌倉中期の弘長二年（一二六二）一一月二八日、浄土真宗の開祖、親鸞が入滅した。年齢は九〇歳だった。

親鸞の晩年は不遇だった。いや、晩年もまた不遇だったというべきであろう。親鸞という人物は、下級貴族の家に生まれ落ちたときから、その長い生涯を通じて、人並みの幸せをかみしめる機会がほとんどなかったとおもわれる。偉大な宗教者の生涯はとかく艱難辛苦《かんなんしんく》の連続になりがちだが、親鸞の場合はことにはなはだしかった。

親鸞にとって決定的な転機は、二九歳のとき、浄土宗の開祖、法然と出会ったことである。親鸞にとって、法然はまさしく生涯の師だった。その敬愛ぶりは、晩年の親鸞の述懐を弟子の唯円が書きとめた『歎異抄《たんにしょう》』に、「たとひ法然聖人にすかされまゐらせて（だまされて）、念仏して地獄におちたりとも、さらに後悔すべからず候ふ」とあることでもよくわかる。法然の近くで過ごした六年間は、親鸞の生涯のなかでほとんど唯一、あたたかくなごやかな雰囲気に満たされている。

しかし、法然との出会いは、親鸞にとって苦難への旅立ちでもあった。専修念仏に対する弾圧は親鸞の身にもおよび、彼もまた越後へ流罪となる。このとき親鸞は僧侶の身分を剥奪《はくだつ》され、それを逆手にとって、みずから「愚禿《ぐとく》」と称する。この名は「非僧非俗（僧でもなければ俗でもない）」（『教行信証』）という、彼の立場をみごとに象徴している。

晩年の悲劇

六〇歳を越したとき、突如として親鸞は関東の地を離れて京都に帰還する。妻の恵信尼《えしんに》と三人の子は越後に帰し、末娘の覚信だけを連れた寂しい旅だった。

八〇歳を過ぎてからも親鸞は、平穏な日々とは縁がなかった。八三歳のとき、住んでいた庵室が放火され、灰燼《かいじん》に帰した。専修念仏を憎む者が放火したのではないかともいう。

そして恵信尼と永別した八四歳の五月、親鸞は晩年最大の事件に遭遇する。おのれの後継者と頼んだ実子、善鸞《ぜんらん》（慈信）の義絶である。ことの発端は、かつて親鸞が布教した関東の信徒たちの間で、信仰の揺らぎが生じたことにあった。専修念仏の真意を取り違える輩《やから》が、少なからずあらわれたのである。

状況を憂慮した親鸞は、最も信頼する善鸞を関東に下向させ、専修念仏の真意を説教させて、事態の沈静化をはかった。ところが、善鸞は父の期待を完全に裏切った。信徒たちに対して、自分だけが父から極楽往生の秘儀を伝授されたなどと触れまわり、事態をいよいよ混乱させてしまったのである。

関東における善鸞の言動を知った親鸞は激怒した。生涯をかけて追求してきた信仰上の真実が、権力欲という、親鸞のひどく嫌った動機によって、無惨に踏みにじられたからである。たとえ、それが最愛の息子であろうと、とても許せなかった。

ついに父子の縁を切ることを決意する。その絶縁状には、「親鸞にそらごと（虚言）を申しつけたるは、父をころすなり。このことどもつたへきくことあさましさ申すかぎりなければ、いまは親といふことあるべからず、子とおもふことおもひきりたり。……かなしきことなり」と書かれていた。

尽きぬ苦労

七五〇年も前に、八四歳の高齢で息子を義絶しなければならなかった親鸞の心中は、察するにあまりある。この事件がよほどこたえたものか、翌年、八五歳を迎えた頃には、親鸞の目はほとんど見えなくなっていたようである。

しかし、それでも執筆意欲は衰えず、さらに著作をものしている。親鸞の著作は、主著の『教《きょう》行信証《ぎょうしんしょう》』を別にすると、完成したものが一八あるが、そのうちの一五が八三歳以降の四年間に集中している。凄まじい精神力というしかない。

身内については、善鸞のこと以外にも、苦労の種は尽きなかった。とくに末娘の覚信が心配でならなかったようである。夫に先立たれ、再婚もおぼつかず、幼子をかかえる覚信が、この先どうやって生きていったら良いものか、親鸞は悩んだ。

義絶した善鸞の子、如信も親鸞が養育したらしい。間柄はよくわからないが、関東に置いてきた即生房《そくしょうぼう》という人物の、その行く末もまた親鸞の悩みの種だった。遺言状ともいわれる書簡で親鸞は、関東の信徒たちに、自分の死後、身内の者の面倒を見てくれるよう、切々と訴えている。

苦闘は臨終のときまでつづいた。しかし、親鸞はその苦闘からけっして逃げなかった。

なにを学ぶか

法然と親鸞の死に方から、私たちはなにを学ぶか。

法然は「極楽往生は故郷へ帰るようなものさ」と語った。この言葉には、やっと懐かしい故郷に帰れるという喜びこそあれ、恐怖は微塵《みじん》もない。極楽浄土というほとんど無限の彼方にある場所を、誰にでもある身近な故郷にたとえることで、未知の場所におもむく不安を、もののみごとに消し去っている。

死の直前に、かえって元気になり、それまでよく聞こえなかった耳がよく聞こえ、よく見えなかった目もよく見えるようになったというのも、まるで新たな旅立ちに気分が高揚する若者のようで、周囲の者をいたく感動させている。そういう法然の臨終を見ていた者は、ああ、死を恐れる必要は全然ない、そう如実に感じたにちがいない。

その意味で、法然の死に方は、残された生者をむしろ励ましてくれるがごとき、死に方だった。今流に表現すれば、法然は人々を最高に癒しながら、死んでいったのである。

親鸞の最晩年は、苦労の連続だった。八三歳のとき、放火によって焼き出され、翌年の八四歳のときには、関東の信徒たちに誤った教えを説いた長男を義絶。その衝撃からか、まもなく失明してしまう。この間、住処は定まらず、転々として、最期は弟のところに身を寄せざるをえなかった。その当時はまだ、大きな教団の指導者でもなく、著名人でもなかったから、有力な後援者もなく、金にも苦労しつづけた。これでは、身も心も休まるひまがない。

しかし、その一方で、真の信仰を求める情熱は衰えを見せない。数ある著作の大半が八三歳以降の四年間に集中している事実は、まさに驚嘆にあたいする。後継者と頼んだ長男の義絶は親鸞に、肉体面では失明をもたらしたが、精神面ではよりいっそうの飛躍をもたらしたとしかおもえない。

このように、親鸞の最晩年は、身内の世話という至って人間くさい要素と、信仰の飛躍という至って崇高な要素とが、絡み合ってかたちづくられた。やや難しくいえば、俗なる部分と聖なる部分が、文字どおり組んず離れず、葛藤をつづけたところに、親鸞の独自性があるといってもいい。

その葛藤を、家族と仕事に読み替えれば、それはそのまま現代人にも学ぶべき課題となる。明治の近代化このかた、親鸞が日本の祖師たちの中でも圧倒的な人気を集め、その思想の現代性が評価されたきた所以《ゆえん》は、このあたりにもあるにちがいない。このように、学ぶべきことは多々ある。

第７章　死に方を学ぶ―藤原道長・西行

失敗と成功の両極

この章では、藤原道長《みちなが》と西行《さいぎょう》から、死に方を学びたいとおもう。この二人は、いわゆる祖師ではないが、仏教に深く帰依し、敬虔《けいけん》な信仰生活を送ったことでは、祖師に準じるところがある。したがって、その死に方には学ぶべき点が多々あるはずである。

とはいっても、道長と西行では、死に方に大きな相違がある。はっきりいえば、死に方の失敗例と成功例の典型である。むろん、道長が失敗例で、西行が成功例になる。失敗と成功という判定は、なにも私の独断ではない。かれらの死の直後から、世間の人々がそう判定していた。その意味でも、かなり客観性がある。

これまで取り上げてきた祖師たちの死に方は、そろって稀に見る成功例である。そもそも成功と失敗は相対的なものだ。だから、ここらあたりで失敗例も取り上げないと、なにが成功でなにが失敗か、よくわからない。

そこで、道長にはいささか気の毒だが、失敗例の典型として、登場ねがった次第である。しかも、成功と失敗を別にすれば、年代的にさほど差がない、つまりよく似た時代状況における成功例として、西行を取り上げた。両者ともに、日本人であれば、知らない人はいないだろうから、この点でもつごうが良い。

おまけに、道長と西行は、祖師たちに比べると、そうとうに俗っぽい。道長は政治家だから当然としても、出家した西行でも、これからお話しするとおり、ずいぶん生臭い。しかし、そういうところこそ、かえって私たちには参考になるともいえる。

糖尿病＋心臓神経症でボロボロ

平安時代も半ばを過ぎた万寿四年（一〇二七）の一二月二日、栄華をほしいままにしてきた藤原道長が没した。年齢は六二であった。当時としては、長命の部類に入る。

藤原道長といえば、日本の長い歴史の中でも飛び抜けて豪華絢爛《けんらん》たる生涯を送った人物である。

「この世をばわが世とぞおもふ望月の欠けたる事もなしとおもへば」などと、ここまで開けっぴろげにみずからの権力を誇示した人物は、ほかには見当たらない。その一方で、すぐれた文化人でもあった。『源氏物語』の作者、紫式部とも親しく、光源氏のモデルに擬せられることもある。

道長を中心に藤原氏の栄華の歴史をかな文字で描いた『栄花物語』によれば、万寿四年（一〇二七）の一〇月二八日、娘の妍子《けんし》の七七日の法会《ほうえ》を法成寺《ほうじょうじ》の阿弥陀堂でいとなんだその夜、道長は発病して床に伏した。それから死に至るまで、道長は心身の両面で苦しみつづけた。心の領域では、あまたの怨霊たちが絶えず現れて道長の仕打ちを責めつづけた。体の領域では、背中に腫物《はれもの》が生じて高熱を発するとともに、凄まじい痛みをもたらしつづけた。下痢もひっきりなしにつづき、もう食べることも飲むこともできなくなっていた。

こういう症状の根本原因は糖尿病である。その頃の言葉でいえば「飲水病」になる。道長が糖尿病に罹《かか》っていたことは、さまざまな文献資料の記述から疑いの余地がない。たとえば、同じ時代を生きた藤原実資《さねすけ》の日記『小右記』には、こう書かれている。「しきりに水が欲しくなり、昼夜の別なく口が渇き水を飲む」、「とにかく体がだるい」、「昼日中でも、二三尺しか離れていない話相手の顔がよく見えない」、「やたらと怒りっぽい」……。

余談めくが、道長は世界の医学史上、文献的に確認できる最古の糖尿病患者という名誉、いや不名誉をになっている。かつて日本で世界糖尿病学会が開催されたとき、道長の姿を描いた切手まで発行されているくらいである。ちなみに、道長の場合、糖尿病の原因は、①一族の遺伝的な体質、②常軌を逸した過食、③権力掌握に由来するストレスらしい。

道長は糖尿病のほかに、いまでいう心臓神経症にも罹っていた。道長は最高級の貴族だから、直接的な暴力で人を殺《あや》めたりはしていない。その地位にふさわしく、真綿で相手の首を絞めるような、いかにも優雅で陰険な手段を得意とした。

三条天皇をはじめ、あまたの邪魔者やライヴァルを、手を変え品を変え、散々いびり抜いて、死に追いやった。やりかたがやりかたなので、死んだ者たちは怨霊と化して、道長に祟《たた》ったのである。祟りは子女にもおよんで、次々に先立たれた。そういう結果が、心臓神経症の悪化であるようするに、晩年の道長は、肉体的にも精神的にも、ボロボロの状態だった。

超豪華な臨終劇も結果は下品下生《げぼんげしょう》

万寿四年一一月二四日の夜半、重体の道長は病床を阿弥陀堂のなかに移した。いよいよ最期のときがごく近いことを覚悟したのであろう。なにしろ世をあげて阿弥陀如来の待つ極楽浄土への往生を願っていた時代のことである。道長も、その例に漏れなかった。

阿弥陀堂の中央の、九体のうちでもひときわ立派な阿弥陀如来のすぐ前に床をしつらえさせ、道長はその身を横たえた。贅美の限りを尽くした堂内では、かぐわしい香がふんだんに焚かれ、たくさんの僧侶たちが昼夜を問わず「南無阿弥陀仏」の念仏を称えつづける。一族の者もみな唱和する。

道長も、導師の僧の指導に従って、ひたすら極楽浄土の様子を想像し、阿弥陀如来の姿を瞑想し、みずからも「南無阿弥陀仏」を唱えつづける。両手には、阿弥陀如来の両手から引き出した五色の糸をしっかと握りしめる。極楽浄土まで引っぱっていってもらおうというのである。

むろん、望みは上品上生《じょうぼんじょうしょう》と決まっている。この世の栄耀栄華を極めた道長にとって、それ以外の選択肢は存在しえない。その一方で、『往生要集』の愛読者でもあったから、そこにありありと描写された地獄の業苦を想像して、万が一、地獄に堕ちたらどうしようと、身の毛のよだつおもいがしたかもしれない。

そうこうするうちに背中の腫物はますます腫れ上がり、道長は痛みに耐えかねた。一二月の二日には、医師が呼ばれ、腫物に針を入れて血膿を出した。しかし、症状は回復しない。苦痛を告げるうめき声ばかりが高くなり、念仏の声はとだえがちになっていった。

ついに一二月四日の寅の刻（午前四時）、道長は息絶えた。日本史上、空前絶後の豪華絢爛たる臨終劇はこうして幕を閉じた。ちなみに、遺骸の脇の下が死してもしばらくは暖かかったという。こういう現象は、その頃の常識では、道長が良い往生を遂げた証拠とみなされた。阿弥陀堂に会していた縁者や知人の一同は、悲しみのなかにもほっとした気分を味わったにちがいない。ところが、まもなくそんな気分に水を差す事件が起こった。娘の威子《いし》の夢のなかに、使いの若い僧が現れて、道長の往生は下品下生だったと告げたというのである。あれほど熱心に阿弥陀如来を信仰したのだから、しかも死んでも脇の下が暖かだったのだから、さだめし道長は上品上生と信じて疑わなかった遺族としては、まったくもって意外な結果であった。まさにがっくりという感じである。

実は道長の往生にはさらなる後日譚がある。今度は、道長の猶子《ゆうし》、つまり養子の一種であった三位《さんみ》入道こと藤原成信という人が情報源である。うたた寝をしたときに見た夢のなかに道長があらわれて、たいそうご機嫌なようすで「下品下生でも十分だ」と繰り返し述べたというのである。それを聞いて、遺族一同は納得し、「よかった、よかった」と心も落ち着いたという。

花の下にて春死なん

鎌倉時代が始まろうとする建久元年（一一九〇）の二月一六日、河内国南葛城の弘川寺《ひろかわでら》において、西行が円寂した。年齢は七三歳である。当時としては、稀な長命といっていい。

死に先立って、西行は歌を詠《よ》んでいた。かの有名な

願はくは花のしたにて春死なんそのきさらぎの望月のころ

である。「きさらぎの望月」は、旧暦の二月一五日にあたり、その頃の仏教界では、ブッダが入滅された日とみなされていた。その日とたった一日違いで、西行はこの世を去った。じつにみごとな死に方である。このことは、当時すでにたいへんな評判だった。

もっとも、この歌が詠まれたのは、最晩年ではない。六〇代の半ばころに詠まれている。むしろ、辞世ではない。実際に西行が亡くなったのは七三歳のときだから、まだ一〇年近くも時間がある。その間、西行は晩年という言葉とは裏腹に、まだまだ活発な行動を展開しつづけた。活動の中心は、勧進《かんじん》だった。そのために、全国を行脚《あんぎゃ》した。西行は宗教的には真言密教の僧侶であり、高野山に寺院を建立するための資金を集めていたのである。

「願はくは」という歌で西行は、おのれの理想の死に方を提示した。宣言したといってもいい。見方によれば、死を演出して、そのとおり成就したのである。生前にこういうことをした人物はきわめて稀で、日本の長い歴史を見わたしても、ほかには例が見つけにくい。

この当時、西行は超有名人だった。平清盛とは友人関係にあり、源頼朝からも別格の扱いを受けていた。なぜ、超有名人だったのかというと、歌の超達人だったからである。なぜ、歌の超達人が超有名人の条件だったのか。その理由は、この頃の上層社会では、歌が社交の最有力な手段だったからである。なにごとにつけても、直接的にいうのは卑しいとされ、歌をつかってそこはかとなく意志を伝えるのが常道とされた。いいかえれば、歌の一つも詠めないと、社交が成り立たない。ひいては、政治すらも成り立たなかった。

この点は、戦国時代末期の茶道に通じるものがある。しかし、その広がりや深さにおいて、西行の頃の歌のほうがはるかに影響力が大きかった。その歌の、いわば大元締めが西行だった。だから、たとえ権力者であっても、西行の機嫌を損なうと、どういう結果が訪れるか、戦々恐々だったらしい。茶道の千利休は、ときの最高権力者たる豊臣秀吉に殺されたが、西行は同じ立場にあった源頼朝につっけんどんな態度をとっても、殺されるどころか、旅の路銀に用立てていただきたいと、銀製の猫までもらって丁重に送り出されている。

西行はご存じのとおり、天皇を守護する北面《ほくめん》の武士の出身である。北面の武士は、家柄が良く、教養があり、しかも容姿容貌に恵まれ、身体頑健な偉丈夫でなければ、採用されなかった。西行もその条件をすべて高い次元で満たしていた。

性格的には激情家で、しかも「驕慢《きょうまん》」だったと伝えられる。早い話が、威張りん坊で、ふんぞり返っていたのである。その一方で、俗事にもたけていた。源平の争乱にもかかわらず、上手に立ち回り、一族の繁栄もちゃんと確保した。

腕っぷしの強さも有名だった。文覚《もんがく》といえば、源頼朝の武装蜂起をうながしたことで知られる荒法師だが、その文覚ですら、西行と対面したときは、「文覚がぶん殴れるような相手ではない。文覚がぶん殴られるような御仁《ごじん》だ」といって、ひたすら低姿勢に終始した。

もっとも、それくらい頑健でなければ、全国を行脚など、とてもできない。宗祇《そうぎ》も芭蕉も、旅の詩人はみなそろって頑健である。とかく西行というと、痩せかじかんだ老人がとぼとぼと枯野を歩く情景を思い浮かべる方があるだろうが、まったくの誤解といっていい。

和歌に執着して見事に死す

こういうぐあいなので、西行はなかなか枯れない。とりわけ歌に対する執着は、年とともに増すばかりであったように見える。最晩年に関して確実にわかっているのは、河内の弘川寺で病みつく前の西行が盛んに歌を詠み、精力的に歌集を編纂していたことだけだ。

この頃、都の歌人のあいだでは「歌合《うたあわせ》」といって、歌の題を決めて寄りつどい、出来映えを競う催しが流行していたが、西行は参加したことがなかった。その代わり、西行は「自《じ》歌《か》合《あわせ》」という独特の形式を創始した。自分の歌だけを左右に並べながら連作してゆく形式である。なお、当時は個人歌集というジャンルはまだ十分には確立していなかった。

その意味からすれば、この自歌合もまた、西行の自負心の強烈さを物語る材料ともいえる。

西行の自歌合は『御《み》裳《も》濯河《すそがわ》歌合』と『宮河《みやがわ》歌合』の二つあり、両方とも伊勢神宮に奉げられている。これら二つの自歌合を編むにあたり西行は、京都歌壇の中心にいた藤原俊成と定《てい》家《か》の父子に「加判」を依頼した。加判という古典語は、ふつうは「署名」という意味だが、ここではいささか異なり、左右の歌のいずれが勝るかを判定することを意味している。『御裳濯河歌合』の場合、俊成は左右の歌の優劣を論じるにとどまらず、和歌の歴史や西行との長年にわたる交際などをしるしたかなり長い序文まで寄せている。一方の『宮河歌合』に対しては、定家が加判をした。

加判するというのは、そうとうな難事である。評者としての実力と見識が問われる。ましてや高名な西行の、それも誰も試みたことのない自歌合に対する加判ともなれば、なまなかなことでは済まない。依頼されたがわには、大きな負担となる。

それを知ってか知らずか、西行はおのれの自歌合の加判を、依頼というより強請したふしがある。『宮河歌合』に対する定家の加判がなかなか出来上がらなかったときは、俊成に向かって書状を送り、息子に早く加判をするようにいってくれとせっついている。

したがって、病の床に伏していた河内の弘川寺へ、ようやく定家の加判が届けられたときの喜びようは尋常ではなかった。定家への礼状のなかで、病床から頭を起こして二日間も読みふけったとつづっている。

かくして迎えた西行の最期の日々については、藤原俊成の『長秋詠藻《ちょうしゅうえいそう》』にその概略が書かれている。それによると、さきほども述べたとおり、亡くなる前の年、河内の弘川寺で西行は病の床に伏していた。そこにかねて待望の定家の加判が届けられ、西行は限りなく喜んだ。この喜びのせいか、一時は病が回復し、年末には京都まで上ってきたというが、年があらたまって病状もあらたまり、かねて詠んだ「願はくは」の歌そのままに、ついに二月一六日、円寂した。極楽往生は疑いない……。

西行の臨終がみごとなものであったことは、このほかにも、定家の『拾遺愚草《しゅういぐそう》』や慈円の『拾玉集《しゅうぎょくしゅう》』、藤原良経の『秋篠月清集《あきしのげっせいしゅう》』など、当代一流の人物たちが書きとめ、讃美しているところを見ると、事実だったにちがいない。極楽往生こそ至上の命題であった当時、西行の死に方は理想の典型となった。

なにを学ぶか

藤原道長の死に方は、いわゆる反面教師である。こういうことをすると、良い死に方はできないという意味で、貴重な実例になる。権力と金に飽かせて、いくら絢爛豪華な臨終劇を演出したところで、なんにもならない。死ぬ間際になって、これまでしてきたことを悔いても、あとの祭りにしかならない。

その点、西行の死に方は見事のひとことに尽きる。理想の死に方を演出して、そのとおり成就したのだから、文句の付けようがない。

ただし、生前の道長と西行に共通するところがないではない。両者ともに、執着という点では、余人の追随を許さなかった。道長は権力に、西行は歌に、尋常ならざる執着をしめした。わけても西行の歌に対する執着は、度を越している。驕慢と噂された性格とあいまって、俊成と定家の父子にはかなり迷惑をかけたといっていい。

仏教では一般的に、執着は高い境地に達するには最大の障害になるといわれている。ところが、西行の場合、その執着が死に方に成功した最大の原因と考えざるをえない。これは、いったい、どういうことなのか。

紙幅のつごうもあって、詳しくは述べがたいが、最晩年の西行は歌にのみ執着することによって、無心の境地に到達し、他の執着をことごとく滅したのではないか。好きなことに一心不乱になれれば、かえって良い死に方ができる。西行の死はそれを教えてくれている。

第8章　死に方を学ぶ──日蓮・一遍

剛と柔の好対照

本章は、日蓮と一遍から、死に方を学びたいとおもう。この二人は、鎌倉時代の後半期に活動し、元寇《げんこう》という未曾有《みぞう》の国難に遭遇した点で、共通している。ただし、その生き方も死に方も、少なくとも表面上はまったく対照的だった。

日蓮は現世の改革をめざし、一遍はひたすら浄土を求めた。ほぼ同じ時代に生き、同じ危機に出会いながら、これほど異なる宗教的な反応を示した例も、日本の仏教史上、すこぶる稀である。いわば剛と柔の好対照をなしている。その意味でも、この二人の祖師から学ぶべき点は多々あるにちがいない。

「はらのけ」を病む

鎌倉時代も後期の、弘安五年（一二八二）一〇月一三日巳《み》の刻（午前一〇時ころ）、日蓮宗の開祖、日蓮が武蔵池上郷の地頭だった池上宗仲《いけがみむねなか》の館で入寂した。齢《よわい》、六一歳だった。

その日蓮も、生前は苦難の連続だった。開祖となる人物は、まず例外なく既存の価値観を否定するため、時の体制からにらまれて弾圧されるのがふつうだが、日蓮の場合はそのなかでももっとも激烈な事例に入る。理由は、日蓮がおのれの堅い信念にもとづいて、宗教の領域にとどまらず、現実の政治にもの申したゆえである。

その結果、危うく斬首されそうになったり、幾度も暗殺されそうになったりした。こういうことは、祖師のなかでも他に例を見ない。一つには、日蓮が活動した鎌倉という場所が、武士の都であって、なにかにつけて荒っぽかったからではないかという説もある。そういえば、関東出身の祖師は日蓮しかいない。

文永一一年（一二七四）、配流先の佐渡から帰還した日蓮は、身延《みのぶ》（山梨県南巨摩郡）を拠点とした。現在、日蓮宗の総本山として有名な久遠寺《くおんじ》が建つところである。この地におけるあしかけ九年間は日蓮の晩年といってよく、これまでの対外的な活動は影をひそめて、もっぱら弟子や信徒の育成と、おのれの内面をきわめる方向に費やされることになる。

身延における日々は、それまでのあまりに過酷な日々に比べれば、はるかに平穏なものだった。しかし、法難はあいかわらず続き、幾人もの信者が処刑される事件も起こって、ほんとうの意味で心休まるというわけにはいかなかった。日蓮の肉体も老境にさしかかり、これまでの酷使がたたったのか、無理は利かなくなっていった。

日蓮の病状については、日蓮自身が書き残した書簡が主な情報源となる。日蓮という人物はすこぶる筆まめで、五〇〇近くもの書簡がある。それらによれば、日蓮が身体の異常を自覚したのは建治三年（一二七七）の正月、五六歳のときである。下痢が止まらなくなった。ようやくおさまったのは六月というから、半年も下痢が続いたことになる。

日蓮は自分の病を書簡に「はらのけ」と書いている。腹部の病気というくらいの意味で、病因を特定したものではない。症状は、腹がひどく痛くなり、猛烈な下痢が続く。食欲は全くない。当然、見るかげもなく痩せ衰えた。みずから「やせ病」ともしたためている。

「やせ病」というと、どうしても糖尿病をおもい浮かべてしまうが、贅沢三昧だった藤原道長とちがって、もともとひじょうな粗食だったので、その可能性は低い。消化器系の癌の可能性もないではないが、発病から死まで五年かかっているところから見ると、あまり考えられない。むしろ、長年の無理と低栄養がたたって、慢性の胃腸障害にかかっていたらしい。身体が冷えやすい極寒期や梅雨寒《つゆざむ》のときに発病している点も、それを裏付ける。

傍証もある。駿河の地頭、南條兵衛七郎の未亡人だった上野殿後家尼とかわした最晩年の書簡のなかに、胃腸に効く薬草の「かつ香」を送られたと書いているのである。

「かつ香」はシソ科の多年草でカワミドリともいい、その名のとおり良い香がする。含有する芳香成分が胃腸を刺激して働きをよくする効能をもち、下痢や嘔吐、発熱などにも効く。現在でも漢方薬の成分として、「かっ香正気散」や「香砂乎胃散」などに配合されている。

これらの事実から推して、日蓮は慢性の胃腸障害をわずらっていたと考えていいだろう。

最期の日々

弘安元年（一二七八）も、「はらのけ」の病はつづいた。とりわけ年末になって身延が風雪に閉ざされ、食事に事欠くようになってきた頃、はらのけがまたまた再発した。厳寒期のさなか、暖房はなく、食べる物も底をつき、日蓮をはじめ、三〇余人の弟子たちも餓死一歩手前まで行ったらしい。つのる冷気と栄養失調、日蓮の病状に良いわけがない。

明けて弘安二年（一二七九）。この年も、日蓮にとっては過酷な年となった。秋には、駿河に住む三人の信徒が無実の罪を着せられて射殺《いころ》され、一〇数人が牢獄につながれたのである。土地の名をとって、熱原《あつはら》法難とよばれる。

つづく弘安三年（一二八〇）は、わりあい体調も良く、身辺も平穏だったが、年末頃に至り、厳寒期に入るとともに、体調に違和感を生じたふしがある。みずから筆をとって大曼荼羅を多数したため、本尊として崇めるようにと、弟子や信徒たちにあたえているのである。どうやら、のこされた時間もそう長くはないと感じ、自分がこの世を去ったのちのことを考え、その対策をほどこしつつあったらしい。

案の定、弘安四年（一二八一）の正月早々、「はらのけ」が再発した。今回の発病は深刻だった。日に日に病状はすすみ、衰弱はなはだしい。この年の五月には、日蓮が危惧したとおり、蒙古が再び来襲した。慶事もあった。一一月に、身延山久遠寺の大堂が造立されたのである。これで、日蓮の教えを継承する拠点が定まった。もっとも、大堂の造立にあたって、法要そのほかに無理をしたらしく、病状は悪化した。

弘安五年（一二八二）、病状は悪化の一途をたどり、夏を過ぎて秋を迎える頃には、次の冬はとても越せないことが誰の目にも明らかになっていた。そして、九月、弟子や信徒たちのたってての願いをいれて、日蓮は常陸《ひたち》の湯、現在の水戸市加倉井へと旅立った。このまま身延山にいては、師の肉体がもたないと判断した人々が、日蓮に是が非でもと湯治をすすめたのである。九年の長きにわたって住み慣れた身延山の地を、日蓮はあとにした。

一説には、余命幾ばくもないことを感じた日蓮が、故郷の安房《あわ》（千葉県東南部）を生きているうちに一目見たいと念願したために、安房からさして離れていない常陸の湯が選ばれたともいう。

身延山を出発して一一日ののち、九月一八日の昼頃、日蓮の一行は武蔵国の池上宗仲の館に到着した。現在の地名でいえば、東京都大田区池上。日蓮宗の大本山、池上本門寺が建つところである。その後、日蓮の病状は一進一退を繰り返した。一九日にはあわやというところまで病状が進んだらしいが、またもちなおす。二五日には、日蓮の命が危ないらしいと耳にして各地から駆けつけてきた人々に、主著『立正安国論《りっしょうあんこくろん》』を講義している。死を間近にしても、日蓮の精神はまったく衰えを見せない。

一〇月八日には、自分亡きあとの教団をたくす六人を決めた。これでいちおう懸案を片づけて安心したのか、日蓮の病状は最後の段階に入った。一二日の酉《とり》の刻（午後六時ころ）、臨終がごく近いことを悟った日蓮は、北に向かって坐した。正面には大曼荼羅が掛けられ、そのかたわらには念持仏として常にたずさえてきた釈迦立像が安置されていた。日蓮の背後では、弟子と信徒たちが法華経を読誦しつづけた。

一夜明けた一三日の巳《み》の刻（午前一〇時ころ）、大勢の人々が法華経を読誦する声のなかで、日蓮は息をひきとった。生前の凄絶無比の活動からおもえば、意外なくらい静かで安らかな死だった。

捨て聖

鎌倉時代もあと半世紀ほどを残すばかりとなった正応二年（一二八九）八月二三日、一遍が示《じ》寂《じゃく》した。齢《よわい》、五一だった。

一遍は、その死に至るまでの一六年間ほど、北はいまの岩手県江刺市、南は鹿児島県の大隅八幡宮まで、日本各地を遊行《ゆぎょう》し、「南無阿弥陀仏　決定《けつじょう》往生六十万人」と書かれた札を人々に配りつつ、踊《おどり》念仏を行じつつ、布教につとめた。では、なぜ、そんなに歩きつづけたのか。その理由を、一遍自身はこう語っている。

『一遍上人語録』下の「門人伝説」四四によれば、一遍は自分がひじょうに劣った宗教的な資質しかもちあわせていないと考えていたらしい。上等の宗教的な資質に恵まれているならば、妻子をもち、家に住んでいても、それらに執着せず、極楽往生できる。中程度の資質ならば、家に住み、衣食に足りていても、それらに執着せず、極楽往生できる。しかし、自分のような下等の資質しかない場合は、妻子はもちろん、家もなく、衣食も足りない境遇にみずからをおかない限り、執着が悪縁を生んで、極楽往生はおぼつかない。だから、遊行をつづけ、すべてを捨て去らなければならない……。

宗教者は往々にして、自分の優位を主張したがる傾向がある。その意味からすると、一遍の自己評価の厳しさは稀有《けう》の例といっていい。しかし、不思議なことに、ここまで徹底して捨ててしまうと、心はかえって豊かになると一遍はいう（『一遍上人語録』「消息法語」）。すべてを捨てきった者の目に映る光景は、ことごとく念仏と化す。生きとし生けるものすべてが念仏と化す。山川草木、ことごとく念仏ならざるものはなくなる。吹く風すらも念仏となり、寄せ来る波の音までが念仏となる。

一遍にとって、念仏はそのまま阿弥陀如来にほかならないから、森羅万象が阿弥陀如来に満たされているという意味になる。したがって、無上の安心が生まれ、心は豊かになると語るのである。

旅に死す

そんな一遍が体調に異変を感じはじめたのは、正応二年（一二八九）の初夏、讃岐《さぬき》国から阿波国に遊行していたときのことだった。周囲の者に、「生涯いくばくならず、死期ちかきにあり」と語り、みなは暗澹《あんたん》とした気分になったという。いかなる病気だったか、それを語る史料はない。

次いで六月一日からは「心神例に違し、寝食つねならず」という状態に陥った。その後、病状は重くなるばかりだったが、遊行はつづいた。説教などの布教も以前と変わらず、まことに熱心だった。

八月二日、兵庫の観音堂で最後の法談をもよおした。道俗ともに、たくさんの聴衆が参集した。この法談は一〇日の朝まで、断続的につづけられたようである。法談を終えた一遍は憔悴《しょうすい》甚だしく、臨終も今日か明日かというふうに見えた。

八月九日から七日間にわたり、紫雲《しうん》が立った。仏教的な伝統では、偉大な人物の死に付き物の瑞相《ずいそう》である。しかし、弟子がその旨を告げると、一遍は「そうか。では今日、明日に臨終はない。終焉のときは、そういうことは起こるものではない」といった。たしかに、その後は、この種の瑞相はあらわれなかった。

一遍にいわせれば、「真実を理解できない者の心は魔に魅入られやすく、何か変化があると、すぐそれにとらわれてしまう。バカバカしい限りである。すべては、ただ南無阿弥陀仏であり、これ以外にはないのである……」こういって、紫雲や瑞花などの瑞相は、往生には何の意味もないことをみなに教えた。このあたりは、何かというと瑞相や奇跡をほしがった中世人一般とは、明らかに一線を画《かく》している。

一七日の酉《とり》の刻（午後六時）、一遍の容体が急変した。人々は「すでにご臨終」といって、大騒ぎをした。しかし、一遍は静かに西方に向かい、合掌して、声には出さずに念仏を称えていた。しばらくして、今度は声に出して、南無阿弥陀仏を一〇回称えた。いわゆる十念である。しかし、このときは臨終には至らなかった。「このように生きていても、自分のためにも他人のためにも意味がないので、臨終してみたが、まだそのときが来ていなかったようだ」と語った。そして、法を求める人が来ると、丁寧に応じた。

二〇日から二二日までの三日間、一遍は毎日、水垢離《みずごり》を取った。それまでは三日に一度がふつうだったから、人々はいよいよ最期のときが迫っていることを感じた。

かくて、正応二年八月二三日の辰《たつ》の刻のはじめ（午前八時）、一遍は禅定《ぜんじょう》に入るがごとく、往生を遂げた。一遍の臨終を知り、その日のうちに、七人の弟子や信者が海に身を投げてみずから命を絶った。八月二日に一遍はあと追い自殺はならぬと語っていたのにである。いくら祖師が亡くなったからといって、一度に七人もの人があとを追うのは例を見ない。この点について、『一遍聖絵』の詞書《ことば》きは、「闇に燈をけし、わたりに舟をうしなへるがごとし」と述べている。よほど一遍個人に魅力があったにちがいない。

葬礼については、一遍が生前、「葬礼の儀式は整えるな。わが遺体は野に捨てて、けだものにほどこすべし。ただし、在家の者たちが結縁したいというのであれば、それはそれでけっこうだ」といっていたので、在家の人々がもよおしたという。

なにを学ぶか

日蓮と一遍の死から、私たちはなにを学ぶか。

ふつう、日蓮というと、ひじょうに精力的なイメージがある。ところが、そういう日蓮の晩年はどうだったのかというと、これが案外、病弱で、しょっちゅう死に瀕している。それでいて、日蓮という人物は、周囲の人々から実に深く愛されつづけている。日蓮が苦しんでいるとき、なんとかしてかれを救いたいと願い、それを実行する人が最後まで絶えなかった。

あえていえば、日蓮には、その激烈な主張や活動にもかかわらず、妙に可愛いところがあって、なんとかしてあげたいとおもわせる、そんな不思議な魅力があったらしい。ここまでごくふつうの人々から可愛がられた祖師はほかに見当たらない。

日蓮は信者に宛てて、たくさんの書簡をしたためたが、その書簡を読むと、日蓮は自分や弟子たちの苦衷《くちゅう》をすこぶる率直に訴えている。偉ぶったり、格好を付けたりは、決してしていない。かといって、卑屈さは全然ない。媚《こ》びてもいない。礼状のたぐいも多い。その多くは、実に素直に喜びをあらわしていて、これなら私でも手を差し伸べたくなるような気になる。このあたりは、一個の人間として、大いに学びたい。

いっぽう、一遍にいわせれば、すべてを捨て去ったとき、森羅万象はことごとく念仏となり、さらには阿弥陀如来になるという。この教えを現代的にいいかえれば、良い死に方をめざして、生にまつわるもろもろの要素を徹底的に捨てることで、かえって充実した生がよみがえってくる。死に至るまでの時間が、ことごとく意味をもってくる。そういうことではないか。それは、新たな生の輝きといってもいい。

それにしても、一遍という人物は魅力にあふれている。再出家のいきさつをめぐっても諸説あり、どう考えても重い業を背負った人だったことはまちがいない。その活動を描いた『一遍聖絵』を見ても、暗い相貌である。いわゆる聖人君子ではない。しかし、そういう人物像にこそ、私たちの多くはひきつけられる。なぜなら、そこに「共苦」する祖師像を見出すからである。この点は、日蓮も共通する。

二一世紀のキーワードは「共生」である。しかし、共生はなまやさしいものではない。なぜなら、共生は必ず共苦をともなうからだ。その意味でいえば、日蓮と一遍は共苦した祖師であり、日蓮と一遍の死は、死をとおして逆に、共苦の彼方にある共生を示唆《しさ》している。ぜひとも、深く学びたいとおもう。

第９章　ブッダに死に方を学ぶ

立派な死に方ができた理由

しばらく、日本の祖師たちの死に方を学んできた。いずれも、立派な死に方である。では、こういう立派な死に方ができた理由は、どこにあったのか。

その答えは、祖師たちがブッダの死に方を学び、それを理想のモデルケースとして、真似したからにほかならない。日本の古典研究によれば、「学ぶ」という言葉の原義は「まねぶ」、つまり「真似ぶ」だったという。ようするに、何かを学ぶことは何かを真似することからはじまる。とすれば、仏教を学ぶことは、開祖たるブッダの言動を学ぶことにほかならず、その死に方を学ぶことはその死に方を真似することからはじまる。

こう述べただけではお疑いの方もあるだろうから、次にブッダの死に方を検証してみよう。

ブッダ晩年の悲劇

紀元前の四八〇年頃に、ブッダは八〇歳で入滅した。二五〇〇年も前のことだから、異数の寿命である。

ブッダが悟りを開いて解脱したのは三五歳のとき。以来、四五年間の長きにわたって、おのれの教えを説きつづけた。一年のうち、雨期に属する半年は定住生活をしながら、乾期に属する半年は旅をしながら、である。定住生活といっても、いつも特定の同じ場所にとどまっていたわけではない。つまり一所不住の生活、仏教の用語でいうなら、遊行の生活が四五年間もつづいたのである。

ブッダの最晩年については、『マハーパリニッバーナ経（大般涅槃経）』が詳しい。中村元博士の名訳（『ブッダ最後の旅』岩波文庫）があるので、お読みになられた方も多いとおもう。

この経典によれば、ブッダの晩年は個人的には幸福とはいいがたかった。むしろ、悲劇的ですらあった。まず、自分の祖国が滅亡した。隣の強国、コーサラのルリ王の軍勢によって、蹂躙《じゅうりん》されたのである。ブッダの近親者を含むシャーキャ族は、戦闘で男たちの多くが倒れた。それだけではない。捕虜になった女や子どもまでもが生き埋めにされたり、像に踏みつぶされたりして、虐殺された。

このとき、ブッダはなんとかしてルリ王を止めようとしたが、果たせなかった。このことにブッダはひどく心を痛めた。仏伝の中には、ルリ王の軍隊がすすむ道のかたわらに、ブッダが枯れた樹木を背にして、ぽつねんと立ちつくしていたと語るものがある。その描写には、人類全体の救済につとめてきたブッダでも、血族の安否はことのほか気掛かりだったことがほのめかされている。親鸞が身内の行く末を案じたのも、無理はない。

さらに、後継者にもくろんでいたシャーリプトラ（舎利弗《しゃりほつ》）とマウドガリヤーヤナ（目犍連《もっけんれん》）が、一年くらい前に、あろうことか揃いも揃って、ブッダより先にこの世を去ってしまった。この二人の死をめぐってはさまざまな伝承があるが、一説には、マウドガリヤーヤナは、ブッダの教団が栄えているのは彼の神通力のせいだと邪推した敵対者から襲撃され、惨殺されたという。シャーリプトラもまた、マウドガリヤーヤナをかばって死んだと伝えられる。

二人の死を聞いたとき、さすがにブッダも落胆した。そして、「こういう悲しい目にあったとき、それにとらわれないのが指導者の指導者たるゆえんだ」と語ったというが、その無念さは察するに余りある。このあたりは、法然や日蓮が晩年に至って、愛弟子や信者たちを惨殺されたことと、似ている。最晩年になって、頼みとする後継者を失ったという点では、善鸞を義絶せざるをえなかった親鸞の心情と相通じるかもしれない。

ブッダ病む

こういう事情を背景に、八〇歳のブッダは、ガンジス川の中流域に覇を唱えていた大国、マガダの首都、王舎城《おうしゃじょう》（ラージャグリハ）を旅立った。王舎城は長らくブッダの活動の中心だった。むろん、大勢の弟子たちを引きつれて、である。一行は北西の方向へ、すなわち現在のネパール国境付近へと歩んでいった。さすがのブッダも余命幾ばくもないことを感じ、生まれ故郷のカピラヴァストゥを一目見たかったらしい。

この点は、空海が活動の中心だった平安京を捨てて、みずからの精神的な故郷といってもいい高野山へ帰ったことや、病み衰えた日蓮が故郷の安房にほど近い常陸の湯に旅立ったことと、相通じる。

ブッダや空海や日蓮のような偉大な人物でも、最晩年ともなれば、やはり故郷は恋しいものとみえる。見方によれば、いささかだらしがないともいえる。しかし、こういうところで変に頑張らないのが仏教の特徴でもある。人間的な弱さも、ある程度はみとめてくれる。

故郷へとむかう途上、ベールヴァ村というところで、ブッダは病んだ。『マハーパリニッバーナ経』には、「恐ろしい病が生じ、死ぬほどの激痛が走った。しかし、尊師は、心に念じて、よく気をつけて、悩まされることなく、苦痛を堪え忍んだ」とある一方で、こう愚痴《ぐち》ってもいる。「私はもう老い朽ち、齢をかさね老衰し、人生の旅路を通り過ぎ、老齢に達した。たとえば、古ぼけた車が革紐の助けによってやっと動いて行くように、おそらく私の身体も革紐の助けによってもっているのだ」

そして、遺言めいた言葉を語った。「この世でみずからを島とし、みずからをたよりとして、他人をたよりとせず、法を島とし、法をよりどころとして、他のものをよりどころとせずにあれ」と。

仏教の開祖たるブッダでさえ病むのだから、日本仏教の祖師たちが病むのは、なんの不思議もない。ましてや、私たちのような凡人が病み、悩み苦しむのは、当然すぎるほど当然なのである。したがって、病み、悩み苦しむのはなんら恥ではない。

致命的な病状になって

さらに旅を続けて立ち寄ったとある村で、ブッダは再び病んだ。鍛冶屋《かじや》のチュンダがあつらえた「スーカラ・マッダヴァ」という料理を食べて、「激しい病が起こり、赤い血がほとばしり出る、死に至ろうとする激しい苦痛を生じた」のである。

この下痢はブッダの体力をはなはだしく消耗させた。インドの気候ではもっとも暑い五月の照りつける太陽の下、クシーナガルへの道は、文字どおり、苦難の道中となった。ブッダはうめきながら、やっとのおもいで歩いていく。高熱も発していたらしい。その足はしばしば止まり、休息を求め、お付きのアーナンダに、こういった。

「アーナンダよ。どうか、私のために外衣を四つに折って敷いてくれ。私は疲れている。坐りたい」。また、こうもいった。「アーナンダよ。私に水をもって来てくれ。私はのどが渇いている。私は飲みたいのだ」

ブッダくらい偉くなると、いかなる苦痛も堪え忍び、自分のためにはなにごとも要求しないというようなイメージがあるが、さきほども述べたとおり、必ずしもそうではない。自分の苦痛を、おもいのほかすなおに訴えている。要求もしている。我慢のしどうしではない。こういうぐあいに腹痛に苦しんだことといい、苦痛をすなおに訴えたことといい、日蓮の晩年によく似ている。

ともあれ、開祖がこれくらい人間的だと、あとにつづく者は楽である。キリスト教みたいに開祖が十字架上で刑死したとなると、殉教という死に方が、理想の死に方ランキングの一位になってしまう。烈々たる信仰の持ち主ならいいだろうが、凡人にはたまったものではない。私などは、仏教徒で良かったとつくづくおもう。

むろん、ブッダはへこたれてばかりいたわけではない。さすがとおもわせることも、ちゃんとしている。

たとえば、アーナンダを枕元に呼び寄せて、病の原因となった料理をブッダに捧げた鍛冶工チュンダに、こう告げるよう命じたのである。「チュンダは自分の料理のせいでブッダが病んだことを大いに悔やんでいるに相違ない。しかし、じつはそうではないのだ。むしろ、チュンダはすばらしい功徳を積んだのだ。なぜなら、ブッダに、無常の完全な悟りを達成するきっかけを作ってくれたのだから。こういって、チュンダの後悔の念をとりのぞきなさい……」

つまり、自分は決してかの若者を責めていないことを、誰からも信頼されているアーナンダに明らかにして、チュンダの後悔を消し去った。さらに、将来、チュンダがみなから責められる危険性をあらかじめ避けようとしたのである。人を育てるということは、こういうことにちがいない。

後始末

クシーナガルというところに着いて、死がいよいよ間近に迫っていることを感知したブッダは、死後のことについて、アーナンダにいろいろと指示しはじめる。そのなかに、葬儀に関するものがある。その一つが、遺骨にまつわる指示である。ブッダはこう語った。

「おまえたちは、遺骨の供養や崇拝にかかわりあうな」と。

当時ならずとも、偉大な人物の遺骨には特殊な力があると信じる人々は多い。いわゆる舎利崇拝である。ブッダも、死後は必ずや自分の遺骨に対する熱烈な崇拝がはじまることを確信していたにちがいない。そして、俗人たちが遺骨を崇拝するのは、それはそれで致し方ないと考えていたふしがある。

しかし、仏道修行に励む者は、断じて遺骨崇拝にかかわってはならないと厳命した。仏道修行に励む者にとっては、ブッダの教えや戒律こそ、崇拝し遵守《じゅんしゅ》すべき対象であって、遺骨になんらかの霊的な力を認め、それを崇拝することは、修行の妨げにしかならないと、ブッダは考えたのである。ましてや、遺骨をめぐる侃々諤々《かんかんがくがく》にかかわっていたのでは、修行に集中できるはずがない。

ただし、そういっておきながら、ブッダはストゥーパをつくって、そのなかに自分の遺骨を収め、拝むように命じた。ストゥーパとは塚ないし塔のことである。漢字で書くと卒塔婆《そとうば》になる。

ブッダはストゥーパのなかの自分の遺骨を拝むように命じた理由を、いろいろと説明している。

それらを要約すると、ストゥーパのなかのブッダの遺骨は、悟りを開いて解脱を遂げた人が確かにいたということの証拠となり、その証拠によって人々は心が清められ、自分もまたブッダと同じように正しい道を歩もうという気になるから、という内容になる。このあたりの配慮は、宗教指導者としてのブッダの面目躍如たるものがある。

そして、それは、一遍が「葬礼の儀式は整えるな。わが遺体は野に捨てて、けだものにほどこすべし。ただし、在家の者たちが結縁したいというのであれば、それはそれでけっこうだ」といい残したことと重なる。一遍の場合も、ブッダと同じように、残された者たちが荼毘《だび》に付し、立派な五輪塔を建立して、遺骨をそのなかにおさめたからである。

困った人たち

葬儀をはじめ、自分がこの世から去ったのちのもろもろの事柄をアーナンダに指示したブッダは、今後の教団についていろいろな指示をあたえた。また、教団内部の秩序を守るように命じている。わざわざ命じたのは、教団の内部に「困った人たち」がいたからである。たとえば、チャンナという修行僧はたいそう気むずかしく、かたくなで、教団の内部にあっても他人と協力せず、とかく摩擦や抗争を起こしたらしい。また、鍛冶工のチュンダの宴席から銅の皿を盗んだ、とんでもない修行僧すらいた。

もっと深刻な問題を起こしかねない人物もいた。晩年になってから出家したある弟子が、ブッダの死を悲しむ仲間たちに向かって、こういい放ったのである。

いわく、「あなたがたは何も悲しむことはないではないか。いまや、われらはかの大沙門《しゃもん》からまったく解放された。いままでは〝こうしなさい〟とか〝こうしなければならない〟といわれて、何かにつけて大沙門から文句をつけられ、苦しめられ、圧迫されてきたが、いまやわれらは何をしようと自由なのだから、むしろ喜ぶべきではないか」と。

このとき、実際に言葉にしたのはこの人物だけだったのかもしれないが、こういう気分は仏弟子たちのなかに漂っていたらしい。一種の解放感といってもいい。ブッダの遺言ともいうべき「もろもろの事象は過ぎ去るものである。怠ることなく、修行を完成なさい」とは、まるで正反対の精神である。このことから、ブッダでさえ、おのれの弟子たちを完璧に指導して完全に掌握していたわけではなかったことがわかる。

こうみてくると、ブッダの死に方こそ、誰の目から見ても立派なところだけでなく、どうかな？　とおもうようなところもひっくるめて、祖師たちの死に方のモデルケースになっていたことが、おわかりいただけるとおもう。

完璧な死に方はない

以上のとおり、仏教の開祖たるブッダですら、その肉体は病み、苦しんだ。その精神もまた、悩みは尽きなかった。そして、その苦しみ悩みは、祖師たちの苦しみ悩みの原型ともいうべきものだった。

ましてや私たち凡人に、次から次へと面倒な問題が生じるのは、当然すぎるほど当然の結果というしかない。したがって、完璧な死に方を求めるのは、はなからまちがっている。

しかも、仏教は完璧でないことを責めない。ブッダですら完璧ではなかったのだから、当たり前である。人間社会にありがちなもろもろの事象に対して、至って寛容である。人間的な卑小さも、大概はゆるされる。ただし、完璧でないことに安住し、居直ることは、ゆるされない。いかに劣悪な状況であっても、より良い死に方を求める努力は欠かせない。

つまるところ、仏教の考え方では、肉体的精神的に苦しみをいっさいともなわない死に方は、ありえない。今後、医学の「進歩」によって、肉体的精神的に苦しみをいっさいともなわない死に方が実現するかもしれない。いや、実現する可能性は多々ある。ペインクリニックや大脳生理学の「進歩」は、肉体的な痛みを完璧に消し去り、精神的な悩みを完璧に消し去って、死に行く人間をありとあらゆる苦しみから解放するかもしれない。

しかし、少なくとも私自身は、この種のまったく苦しみをともなわない死に方を選ぼうとはおもわない。そういう状態は、あえてたとえれば、麻薬中毒に近いからである。幻覚剤による至福の世界に近いからである。そこには、人間としての尊厳がない。

もちろん、この種の状態を求める人がいることは否定しない。いかなる状態を選ぶかは、その人の判断にかかることで、他人がとやかく口を出すことではない。

ただ、私がいいたいことは、人間としての尊厳を保ったまま、肉体的な痛みを完璧に消し去り、精神的な悩みを完璧に消し去ることは、おそらく今後も不可能だろうということである。人間としての尊厳を保とうとすれば、肉体的な痛みを完璧に消し去り、精神的な悩みを完璧に消し去ることはできない。

かといって、いたずらに痛みや悩みに苦しむ必要はない。とくに肉体的な痛みに関しては、そうである。猛烈な痛みは、ときに人間としての尊厳を損ないかねないから、ある程度まで軽くできるに越したことはない。しかし、肉体的な痛みも完璧に消し去ろうとすると、薬物の投与量が増え、その結果として精神の活動に支障をきたし、ひいては人間としての尊厳を損なう恐れがある。この事実は、心しておいたほうがいい。

いずれにしても、私たちは死に臨んで、死に方を自分で選ぶべきである。なし崩し的に死ぬのは、最後の時間を有意義にすごせないという意味で、いかにももったいない。

第10章　引導の渡され方、渡し方

「引導」

祖師たちとブッダから、死に方を学んできた。ここでは、「引導《いんどう》」の渡され方、渡し方を考えてみたい。

「引導」と、引導という言葉にわざわざ「」《カッコ》を付けたのは、それなりの理由がある。そのことからまず、お話ししよう。

今日、引導を渡すというと、葬儀の際、死者を浄土に導き入れる儀礼を指している。しかし、本来は、迷える衆生を悟りの世界へ導く行為を指していた。

いま、私が「引導」といっているのは、臨終もしくは臨終にごく近い状態にある人に向かって、死がすぐ間近に迫っていることを教える行為を意味している。現代の医学的な用語をつかえば

「告知」に相当するが、「告知」というと、ほとんど反射的に「癌の告知」という使い方が思い起こされて、あまり良いイメージがしない。

少なくとも、そこには宗教性がいちじるしく欠けている。ゆえに、あえて「引導」という言葉をもちいている。多少の理屈をこねれば、引導という言葉が本来もっていた「迷える衆生を悟りの世界へ導く行為」の延長線上に、位置付けたいのである。

こういうぐあいに、「引導」の意味を「臨終もしくは臨終にごく近い状態にある人に向かって、死がすぐ間近に迫っていることを教える行為」というところまで拡大すると、仏教以外の領域でも、使えないことはない。

愛した人はエイズだった

一九九二年だから、もうだいぶ前のことになる。カナダのノースプレイ・プロダクションが『守られた約束』というドキュメンタリー番組を制作した。日本ではＮＨＫが『愛した人はエイズだった』というタイトルで放映したので、ご覧になった方もあるとおもう。

主人公のカリン・ドーナンは、一九五二年生まれ。カナダのトロントに住むエイズ・カウンセラーである。もとは、運動を取り入れた心理療法の専門家だったが、夫がエイズでなくなったのを機に、エイズ撲滅の運動家になったという履歴をもつ。

カリンの夫だったブレアは美容師で、原因はわからないが、エイズに罹患してしまう。その後の三年間、カリンとブレアはエイズと闘う日々を送った。ドキュメンタリーは、カリンが、夫との最期の日々を回想するかたちですすんでいく。

当時はカナダでもまだエイズに対する知識や治療法ははなはだおくれていて、二人は無知な周囲の人々はもとより、患者からすれば唯一の救い手であるはずの医者からも、ひどい扱いを受けつづけた。エイズ検査をしても、何ヶ月も結果を知らされず、ようやく結果が出たとおもったら、今度は医学生たちの実験材料にされるという体《てい》たらくである。そこには、人権もなければ、ましてやいたわりや慈愛のかけらも見られない。

そういう状況のなかで、カリンとブレアの悪戦苦闘がつづいた。エイズ患者の大半が罹患して死に至るカリニ肺炎を発症し、咳がおさまらず、高熱がつづく。いよいよ病状が悪化して、ブレアはベッドから起きられなくなる。便意をもよおしても便器がまにあわなくて、シーツを汚し、その汚れたシーツを洗濯機で洗おうとしたが、折悪しく洗濯機が故障してしまう。そのとき、カリンの激情が爆発した。

洗濯機のところまではいずってきて、「大丈夫だよ」といって慰めるブレアに向かって、カリンは「なにが大丈夫なのよ。あなたは明日にも死にそうで、二枚しかないシーツは壊れた洗濯機の中……」と絶叫してしまう。しかし、次の瞬間、カリンはハッと我に返り、ブレアにわびて、「しばらく一人で泣かせて」と頼む場面など、涙が止まらない。

「死んでも良い」と告げなさい

二人の壮烈な最期の日々は、バーガー先生というエイズ治療の専門家と知り合うことで、好転する。バーガー先生はブレアに対し、初めて人間として接してくれたのだ。

先生はブレアがエイズに罹《かか》った原因を問い詰めることもなく、残された最期の日々を人間らしく過ごすように忠告する。「少し寿命は縮むかもしれないが、ベッドに縛り付けられているよりも、可能なかぎり、自由に行動しなさい。痛みをおさえるモルヒネは、私が処方するから」と二人を励ます。かくして、カリンにいわせれば、二人にとっては、何気ない普通の日々が、至高の価値を帯びてくる。

そして、ブレアの生命が尽きようとするとき、バーガー先生は二人の家を訪れて、ブレアにこういった。「君はエイズに負けなかった。私は君を尊敬している。私は君が大好きだ」。この言葉を聞いて、ブレアは「医者が患者を好きだなんて、信じられない。なんて素敵なんだ」と大喜びする。

しかし、玄関の外で見送るカリンに、先生はこう告げた。「遺体を運び出す準備をしておきなさい。おそらく今夜だよ」

カリンはこう反論した。「鎮痛剤のモルヒネが効いて、咳もおさまり、ずっと元気になってきています。もうすぐ死ぬなんて、とても信じられません」

先生はこうたしなめる。「モルヒネには呼吸を抑制する働きがある。そして、ブレアは肺を病んでいる」

「じゃあ、モルヒネをあげません」というカリンに、バーガー先生は「いや、苦しんでいるブレアを楽にしてあげるために、君はきっとあげる」。そういって、先生は帰って行った。

その言葉どおり、苦しむブレアにカリンはモルヒネをあたえた。モルヒネをあたえる間隔は急速に縮まっていった。どうしたらいいのか、わからないカリンに、先生から電話がかかってきた。「カリン、モルヒネをいくらでもあたえなさい。そして、いいなさい。『もう死んでも良いのよ』と」

カリンが「神さまじゃあるまいし、そんなこといえません！　生きててほしいもの」というと、バーガー先生はこう答えた。「君がそういわないと、ブレアは死ねないよ。いつまでも苦しみつづけることになる。私もすぐに行ってあげるから」

こう諭《さと》されたカリンは「じゃあ、いうだけはいってみます」と返事をして、ブレアに「先生は、あなたに『死んでも良い』といいなさいとおっしゃるの。だから、そのときが来たら、私にそういってね。私は大丈夫だから」と告げた。

すると、ブレアはカリンの言葉をすなおに受け入れて、こう答えた。「僕が生涯で欲しかったものは、たった一つだけ。誰かに無条件で愛されて、僕もその人を無条件で愛することだけだった。僕たちはそうだったよね？　だから、将来、君が死ぬとき、もし君が望むなら、君に付き添っていてあげる」

これがブレアの最後の言葉だった。四〇分後、バーガー先生が駆けつけたとき、ブレアはカリンの腕のなかで息を引き取った。カリンはこの四〇分間を、生涯でもっとも充実した時間であり、このとき夫は赤ん坊のようになったと回想している。

この世でいちばん愛する人に、「死んでも良い」と、文字どおり「引導」を渡すのは、いいようのない辛さである。しかし、そう告げなければ、愛する人に無用の苦しみをあたえるとしたら、私たちはそれをしなければならないのではないか。それにしても、辛い選択ではあるが…。

死後の存在は？

カリンがブレアに「死んでも良いのよ」と告げることができた背景には、彼女が漠然とではあるものの、死後の存在を信じていたゆえと考えられるふしがある。事実、夫の死後、何回もカリンはブレアの存在を身近に感じていると告白する。疲れ果てたとき、ブレアが寄り添ってくれていると感じるらしい。

この、死後の存在という問題は、現代の仏教ではタブー視されかねないが、じつは現代人のかなりの部分が、この問題に悩んでいる。そして、この問題にその人なりの解答をあたえられたとき、いいかえれば「引導」を渡されたとき、安心して死ねるようである。

千葉県の市原市五井で鍼灸院と漢方薬局を開院している石原克己先生は、そう指摘する。先生の活動は、いわゆる鍼灸の領域にとどまらない。精神的な領域にも精力的にかかわって、ターミナルケアに近いことも実践している。

その実例として、肝臓癌で余命が一～三ヶ月という宣告を受けた男性患者さん（六九歳）を、石原先生はあげる。この人は宣告を受けた当時、右胸脇に苦満があり、右背腰にもひどい痛みがあった。当然ながら、食欲もない。

ふつうに考えれば、肝臓癌による苦しみと痛みに圧倒されている、それは致し方ない、という診断が下る。しかし、石原先生はそれだけではないと感じた。いろいろ話をかわしていくと、患者さんは死後のことが心配でたまらないらしい。もっとはっきりいえば、死んで何も残らないという想念にとらわれて、不安でいっぱいだということだった。

私も先妻を癌で亡くしているから、その患者さんの心の内はよく理解できる。末期癌の痛みの、おそらく半分くらいは、死後はどうなるのか?、自分が死んだら、残された家族はどうなるのか?　などなどの、さまざまな心の痛みが、肉体の痛みとして、あらわれている。もののよくわかった医療関係者なら、この点に注目して、対処の方策をさぐる。

そこで石原先生は、死後にも何かが残ると話した。先生は個人的に、死後にも何か――先生はそれを「個性」とよぶ――が残るという信念をもっている。それを患者さんにも伝えたのである。最初は、「なんだそんなもの！　バカバカしい」というくらいの受けとめ方だったが、先生が真摯に何回か話していくと、あるときワッと泣き崩れた。頑固一徹で、人前で涙を見せたことのない人物が、文字どおり号泣したのである。

不思議なことに、それ以来、苦しみと痛みははるかに軽くなった。希望と感謝の念が生まれ、とても無理とおもわれていた日常生活まで可能となった。しかも、余命一～三ヶ月といわれていたにもかかわらず、その患者さんは三年も生き延びて、尊厳ある死を迎えた。

このケースでは、死後の存在に対する確信が、逆に生命に力をあたえ、結果的に寿命を大きく延ばし、立派な死を実現した。これもまた、素晴らしい「引導」の渡され方、渡し方と私はおもう。

Kさんの場合

話が深刻になりすぎたかもしれない。最後に、もっと明るい「引導」の渡され方、渡し方のお話しをしよう。以下は、私が実際に体験した事例である。

私の家のすぐ近所にKさんという人が住んでいた。亡くなってから、もう七、八年ほどたつだろうか。このKさんは生前、民謡に無我夢中だった。

もともとは国鉄といっていたころの鉄道員である。定年退職してからは、地元の運輸会社に再就職し、雑務を担当していた。そこを一〇年ほどでやめてからは、家の南側にある畑の手入れと民謡が生き甲斐となった。

奥さんは利口者、しっかり者という評判で、あの家は奥さんでもっているといわれていた。その分、夫のKさんの方は人は良いけれど、それだけで、完全に尻に敷かれていると陰口をきかれることもあった。娘さんが近くに嫁いでいて、Kさんにいわせればとても頭の良い孫もあり、家庭的には恵まれていたといっていい。

Kさんの民謡好きは若い頃かららしかったが、年をとるにつれて、いよいよ熱中した。家の前を通りかかると、民謡を口ずさんでいるのをよく耳にした。

Kさんが七〇歳のとき、利口者でしっかり者の奥さんが亡くなった。なにしろ奥さんでもっていたといわれていたので、残されたKさんは気の毒だなあ、という声が多かった。奥さんがいなくなって、Kさん独りでは何もできないだろうと心配したのである。まあ、近所に娘さんがいるから、面倒を見てもらって、慎《つつ》ましく晩年を送るにちがいないと周囲は考えていた。

ところが、案に相違して、奥さんを亡くしたKさんは前にもまして元気になった。家から聞こえてくる民謡の歌声が、以前よりもずっと大きいのである。独り住まいだから、誰が聞いているわけでもない。自分のためだけに、掛け値なく、無心に歌っていた。どうやら奥さんが生きているうちは、奥さんに気兼ねして、好きな民謡を好きなときに好きなように歌えなかったらしい。

Kさんの民謡好きがまったく悶着を起こさなかったわけではない。たとえば、慰安旅行に行くと、Kさんはバスに乗るなり、民謡を歌いはじめる。ほかの人が酒を飲もうが菓子を食べようが、Kさんはいっこうに関知しない。ひたすら民謡を歌っている。あまり歌いまくるので、「うるさい！」と怒る人もいたようだが、年も年だし、歌っていればご機嫌なので、大概はそのまま自由にさせていたらしい。

盆踊りの季節ともなれば、連日のように、浴衣を着て、頭にはちまきを巻き、手に大きな団扇《うちわ》を持って、出かけていく。あちこちの会場に日参して、太鼓をおもいっきり叩き、声を精いっぱい張り上げて民謡を歌うのである。浴衣もたくさんもっていた。一度着ると、自分で丁寧に洗濯し、いつも洗いたてのきれいなものしか着なかった。

大往生

Kさんの人生における頂点は、八〇歳代の半ばでやってきた。市民会館で催された民謡大会に出演したKさんは、さる高名な民謡歌手から、「おじょうずですね」と誉められたのである。常日頃から、まるで神のごとく崇めていた民謡歌手に誉められて、Kさんは猛烈に感激した。帰宅すると、会う人ごとに、その話をした。私も何回も聞かされた。

民謡に対するおもいはいよいよ深まるばかりである。民謡や盆踊りの歌詞をガリ版で刷《す》って、あちこちに配って歩いた。おそらくそれまで字を書くのも稀だった人が、そういうことをし始めたので、周囲は驚いた。利口者の奥さんが亡くなって、惚《ぼ》けなければいいがという予想は、まさに杞憂《きゆう》に終わった。Kさんは最期の最期まで、まったく惚けなかった。

　そのKさんが病みついたのは、八八歳になった頃である。季節にかかわらず天気がいいと、家の前に椅子を出して腰掛け、好きな飴をなめながら、民謡を歌っていたのに、しばらくその姿が見えない。

　娘さんに訊くと、体調を崩したという。風邪かと思ったが、掛かり付けの医者に診てもらったら、糖尿の気が少しあるが、そのほかは特にどこが悪いというのではない、まあ老衰のたぐいでしょうという。入院する必要はないとの診断で、自宅にそのままいた。苦しいわけでもなく、痛いところがあるわけでもなかったので、Kさんは床に伏したまま、相変わらず民謡を歌っていた。

　そして、一ヶ月後、Kさんはこの世を去った。あともって二、三日というとき、娘さんはKさんの浴衣を全部出してきて、部屋中に飾った。壁という壁が、浴衣で埋まった。それを見て、Kさんは大喜びした。

　Kさんの娘さんは、なにも「引導」を渡すつもりで、部屋中に浴衣を飾ったのではないかもしれない。ただ単に病みついた父親を喜ばせようとして、そうしたにすぎなかったのかもしれない。

　しかし、結果的に、部屋中に浴衣を飾ったことが、Kさんへ素敵なかたちで「引導」を渡すことになった。Kさんは、たくさんの浴衣を見ながら、その一枚一枚に込められた民謡三昧の楽しかった日々をおもい起こしていたにちがいない。Ｋさんからすれば、娘さんから素晴らしい「引導」の渡され方をしたのである。

それから亡くなるまで、起きている時間は、Ｋさんは民謡を歌いつづけた。歌っては眠る、その繰り返しである。むろん、体力は極度に落ちていたから、声はか細かった。しかし、気分は良いらしく、至ってご機嫌である。その民謡の歌声が消えたとき、Ｋさんは、いとも楽しげな顔のまま、あの世へと旅立っていった。文句の付けようのない大往生だった。

第11章　葬式仏教を擁護する

きちんとした葬式を

世間一般で仏教をうんぬんするとき、必ず出てくるのが、「葬式仏教」という言葉である。もちろんこの場合、葬式仏教という言葉は、良い意味では使われていない。現今の仏教が、葬式をのぞくと、世間一般とかかわりをもちかねているという意味である。

さらに世間一般には、僧侶が葬式で不当に儲けているとおもい込んでいる人も少なくない。たしかに、どう考えても高額すぎる戒名、あるいは墓地や墓石の価格を見ると、そうおもわれてもしかたないところがある。

識者のなかにも、葬式仏教こそ、仏教そのものにとって、諸悪の根元であるかのように主張する人がいる。檀家制度に安住し、葬式を取り仕切って、所得を得るのは、仏教本来のありかたにもとるというのである。悟りを得ること、もしくは他者救済に邁進《まいしん》するのが、仏教のあるべき姿であって、葬式仏教はけしからん！　仏教の風上にもおけん！　とかれらは叫ぶ。

私もそういう批判に理がないとはおもわない。それどころか、いちいちごもっともとすら感じる。しかし、である。いま、日本仏教が葬式仏教を全面的に否定したら、どうなるだろうか。結果は目に見えている。アッという間に、日本仏教はあとかたもなく消え去るだろう。そして、歴史の教科書に、かつて日本には仏教という宗教がありました、と過去形で書かれるようになるだろう。

それでなくても、葬式は大きな曲がり角を迎えている。最近の世論調査によれば、若い世代では、墓などなくても良いと考える人が半数くらいいるらしい。となれば、葬式もいままでのようにはおこなわれなくなるに決まっている。その結果、都市部では二〇年後に、地方でも三〇年後には、現状のような葬式はおこなわれなくなり、それにともなって仏教寺院は主たる収入の道を失い、廃絶をよぎなくされるところがたくさん出てくるという予想すらある。

この種の、いわゆる宗教儀礼が、いかに短い期間に変わるものか。その実例をあげよう。たとえば、結婚式における媒酌人《ばいしゃくにん》である。一〇年ほど前までは、大半の結婚式に媒酌人がいた。ところが、ここ一、二年、媒酌人のいる結婚式は急激に減ってきている。ホテルの結婚式場でせいぜい一〇％台がやっと、神社の結婚式場のなかには二～三％というところもある。

この激減は、一〇年前はまったく予想できなかった。急激というより、もう過激としか表現できない事態の進行ぶりである。葬式もまた、そうならない保証はどこにもない。

極端なことをいえば、遺体を火葬場で焼却処理し、遺骨を壺に納めて、あとは押入のなかにでも放り込んで、それでおしまい。いっさい供養も祀《まつ》りもしない。そんな事態すら、十分に起こりうる。

現に、東京のマンションの押入に、墓に埋葬されない骨壺がいったいいくつあるか、わからないという話を耳にしたこともある。そこまで極端ではないにしろ、無宗教葬も少しずつ、しかし確実に増えつつある。事態はけっして楽観できない。

以上の様相を考えるなら、いまは葬式仏教に鞭《むち》打っているときではない。むしろ、擁護すべきときなのではないか。もし、仏教が再生するとすれば、それは葬式がきちんといとなまれることからしか始まらないとさえ、私はおもう。むろん、高額すぎる戒名、あるいは墓地や墓石の価格をはじめ、数々の問題点をできるかぎり早く改善に向かわせるという前提条件付きではあるが……。

浄土は？ 如来さまは？

じつは先日、知人の早坂紀幸さんからこんな話を聞いた。早坂さんは六四歳。いたって篤実な人柄である。東北地方の出身だが、東京暮らしが長い。早稲田大学のオープンカレッジで開催している私の講座を受講されたことがご縁で、お付き合いしている。

早坂さんは八年ほど前に奥様に先立たれた。葬式は奥様の実家の菩提寺でいとなみ、墓もその寺で求めることができた。昨今の墓地をめぐる事情を考えれば、ひじょうに幸運だった。かくして、一周忌に墓を建立して納骨を終えたとき、なんとも知れず、安心感が湧いてきたという。自分の墓があるということが、これほど気持ちに余裕をもたせるとは、おもいも寄らぬことだった。以来、月一回の墓参りを欠かしたことがない。

早坂さんはそれまで仏教にはとんと関心がなかった。しかし、これが縁になって、少し勉強してみようと考え、若手の住職たちがもよおしている勉強会に出席した。参加者は七、八〇名ほどあった。ところが、これがむずかしい。難解な用語が多すぎる。しかも、古典的な言葉である。現代の一般人に、理解しろというほうが無理ではないか。

そう感じて、「なぜ、わかりやすい現代語にしないのですか？」と尋ねたところ、それでは教義の趣旨が正しく伝わらないという返事だった。ほんとうかなあ？……出席者の一人が、浄土があるとは信じていないが、万が一あったらいけないので、この勉強会に出ています、と前置きして、「浄土はあるのでしょうか？」と訊《き》いた。明確な答えはなかった。「霊魂はあるのでしょうか？」と尋ねたときだけは、いや、そんなものはありません、と断言された。

その後、本山で二泊三日の研修会に出席する機会があった。本山はさすがに大きかった。しかも、ギラギラした感じがないので、清潔感を感じ、心が安まるおもいをした。ただ、ご本尊の阿弥陀如来のお堂よりも、祖師のお堂のほうが大きいのが、不思議だった。質問してみたが、はっきりした答えは返ってこなかった。

研修会では、往生とは、如来の本願により、浄土に往って仏の身になることだと教えられた。そこで、こう質問してみた。「お釈迦さまやお祖師さまが仏になられたのは理解できますが、私たちのような凡夫でも仏になれるのでしょうか？」しかし、このときも明確な答えは返ってこなかった。なにを訊いても、うやむやである。せいぜいが、教義ではこうなっています、という杓子定規《しゃくしじょうぎ》な回答である。ようするに、答えになっていない。

以上のやり取りを見て、何といっても目立つのは、仏教者が一般人の素朴な疑問にほとんど答えていない、いや答えられない事実である。なぜ、現今の仏教者は、自信をもって、浄土はほんとうにあると断言できないのか。誰でも仏になれますといい切れないか。

仏教の霊魂論

なぜ、こういう顛末《てんまつ》になってしまうのか。その理由はいろいろあろう。ただ、そのなかでもいちばん大きいのは、現今の日本仏教が、いま話題にしたばかりの僧の方が答えたとおり、基本的に霊魂の存在を認めないという態度をとっているせいではないのか。そんな気がしてならない。

たしかに、初期仏教や初期大乗仏教にまつわる最近の研究成果は、永遠不変の実体としての霊魂という考え方に対して、否定的である。その最大の論拠は、ブッダが死後の霊魂の存在をはじめ、一四の形而上学的な質問に答えなかったという「十四無記」にある。

ただし、「十四無記」の「無記」は、「善とも悪とも説明できない、記述できない」という意味である。したがって、「十四無記」とは、一四の体験も論証もできない問題ということで、その存在そのものを頭から否定しているわけではない。

もちろん、仏教は永遠不変の実体をなにひとつ認めないことをもって、最大の特徴とする宗教なので、永遠不変の実体としての霊魂は認められない。しかし、だからといって、死後の存在をまったく否定したわけではない。なにより仏教は、輪廻転生を前提として誕生したインド型の宗教であり、輪廻転生するなにかを想定せざるをえないからである。

ご存じのとおり、仏教の歴史、とりわけその哲学領域の歴史は、永遠不変の実体を認めないという見解と、でも輪廻転生するという前提との、まさに相克《そうこく》だった。そこでは、輪廻転生の主体をめぐって、ああでもないこうでもないと、論争が繰り広げられてきた。

そのなかでいちばん有力な学説が、業（カルマ）説である。ほかにも、アーラヤ識、第八識、ミシクペー・ティクレ（チベット仏教が想定する説で、心臓のなかに太古からの記憶をすべて蓄えた微細な粒が跳ね回っているとみなす）など、輪廻転生の主体にはさまざまな候補があげられてきた。

この事実は、なにを物語っているのか。その答えは、死後もなんらかの存在が残るという考え方ではないのか。どう考えても、死んでしまえば、すべて終わる、あとにはなにも残らない、と歴代の仏教者は決めつけてはこなかった。

こう考えてくると、それがいったい何であるか？　という哲学上の詮索はさておき、死後もなんらかの存在が残り、それを仮に霊魂と呼んでおけば良いのではないか。ブッダに始まる仏教の全体史を俯瞰《ふかん》するとき、こういう考え方はさほど外れていないと私はおもう。

日本人の霊魂観

葬式を考えるうえで、もう一つ重要な要素がある。それは、有史以来ながきにわたる日本人の霊魂観である。

日本人がいつ霊魂を発見したのか。その答えは、おそらく縄文時代にまでさかのぼる。たとえば、学問的な検証にたえられる証拠に、縄文中期（五〇〇〇〜四〇〇〇年前）の遺物がある。それは長野県富士見町の唐渡宮《とうどのみや》遺跡から出土した、埋甕《うめがめ》と呼ばれる大型の壺状土器（井戸尻《いどじり》考古館所蔵　高六四・五センチ）である。

この土器の側面には、不思議な線画が描かれている。考古的な遺物の常で解釈には諸説あるが、これは死んだ子供の霊魂が、再び母親の胎内にもどる瞬間を描写しているらしい。この絵では、子供の霊魂は点線で陽炎《かげろう》のように表現されている。そして両足を広げた母親の楕円状の女性器に向かって、地中からゆらゆらゆらと立ち昇っている。ゆらめく陽炎のように見える表現は、たぶん霊魂が原則としては肉眼には見えず、なんらかの気配のようなものとして感知される場合もあると当時の人々が考えていたことをほのめかしている。

したがって、縄文中期の段階では、どうやら死んだ子供の霊魂は、その母親の周囲にとどまって、再生の機会を待っているとみなされていたらしい。こういう発想はやがて、死者の霊魂はそれまで暮らしてきた村落近くの山に帰り、そこでしばし安らいだのち、いつか再びこの世にもどってくるという考え方をはぐくんだ。この、霊魂がこの世とあの世を往復するという考え方こそ、日本人にとっては、霊魂観の基本といっていい。

いうまでもなく、六世紀の中頃に大陸から輸入された仏教は、日本人の精神世界に多大の影響をあたえた。仏教、とりわけ極楽浄土への往生をもとめる浄土思想によって、日本人のあの世にまつわる考え方は劇的な変化を遂げた。ひとことでいえば、この世とあの世の間の距離が、ほとんど無限大に拡大したのである。例をあげれば、阿弥陀如来がいる西方極楽浄土は、十万億土の彼方にある。往生を願う人は阿弥陀如来にすがって、その無限に近い距離を超えて、西方極楽浄土へおもむく。そこには、縄文時代のこの世とあの世との距離はほぼゼロに近いという考え方は、微塵《みじん》もないかに見える。

ところが、日本の浄土思想は、この世と西方極楽浄土との間の距離を一気に縮める思想をはぐくんだ。それが、法然や親鸞が唱えた「往相還相《おうそうげんそう》」である。ごく簡単にいえば、極楽浄土に行きっぱなしになるのではなく、この世と極楽浄土の間を頻繁《ひんぱん》に往復するという考え方になる。極楽浄土に行って修行を積み、またこの世に帰ってきて、悩み苦しむ人々を救う。これは他者救済を至上の命題とする大乗仏教の理念ともみごとに合致する。

そこにじつは、縄文以来の日本人の霊魂観がかかわっているのではないか。法然や親鸞が唱えた高度な宗教思想も、縄文以来の日本人の霊魂観とまったく無縁ではない。私にはそうおもえてならない。かくして明治以降、近代的な学問仏教が登場するまでは、こういう霊魂観にもとづいて、葬式はいとなまれてきたとみなしていい。

学問仏教の傲慢さ

霊魂の存在を認めない弊害は、葬式にとどまらず、いろいろなところに出ている。この件にかんして、作家の藤本義一氏が、こういう話をされていた。ある宗派の説教会に、藤本氏は講演者として招かれた。聴講者の大半は、年輩の信者さんたちだった。

その席で、藤本氏の講演に先立ち、若い僧侶が、したり顔で「霊魂なんてものはありません。仏教はもともと霊魂を認めておりません」といったそうである。若い僧侶にすれば、宗門の大学の授業で教わった学問仏教の見解を、そのまま述べたにすぎなかったのだろう。あるいは、これぞ正しい仏教であり、自分は迷信にまみれた旧来のあり方をただしている、と考えたのかもしれない。

しかし、それを聞いて、お爺さんお婆さんたちは茫然自失。明らかにうろたえた。「じゃあ、死んだら、私らはどうなるんだ？　ご先祖さまたちは、どうなってしまっているのか？」

その光景を目《ま》の当たりにした藤本氏は激怒したという。若い僧侶が、お爺さんお婆さんたちが長年にわたって、いや先祖代々、つちかってきた信仰を、一瞬にしてぶっ壊したからである。善男善女を惑わせて、いったいなんの利得があるのか。なんと傲慢なことか。藤本氏ならずとも、学問仏教に、そんな権利があるとは、とてもおもえない。

業（カルマ）であろうが、アーラヤ識であろうが、第八識であろうが、ミシクペー・ティクレであろうが、とにかく私たちがこの世に誕生する以前から存在し、かつ死後も存続するであろうなにか。それを、さきほども述べたとおり、仮に「霊魂」と呼んでおけばいいと私はおもう。百歩譲って、勝義諦《しょうぎたい》（最高真理）では存在しないとしても、世俗諦（第二義的真理）では霊魂が存在するとみなすべきであろう。

葬式は霊魂実在論で良い

昨今、葬式は死者のためではなく、残された遺族のためのものだとか、悲しみにくれる遺族を癒すための儀式だとか、いかにもわかったふうな顔でいう人がある。しかも、日本の伝統仏教をよくご存じない一般の方がそういうならまだしも、僧侶のなかにもこの種の意見を公言する者があるから、驚くしかない。葬式仏教と批判されて忸怩《じくじ》たるおもいをいだき、そのうしろめたさから、こういう意見を吐くのかもしれないが、自分で自分の足下を切り崩し、文字どおり墓穴を掘っていることに気付かないのだろうか。ほんとうに不思議である。

私にいわせれば、こういう考え方こそ、本末転倒もいいところであって、霊魂を観念の次元でしかとらえられない人の発想にほかならない。もっとはっきりいえば、唯物論の論法にほかならず、日本の伝統仏教とは相容《あいい》れない。

ここで、明らかにしておこう。葬式はあくまで死者のためにいとなまれるべき行為である。死者の霊魂を、送るべきところへ、速やかに送るための行為である。そして、死者の霊魂が送られるべきところに送られたとき、遺族もまた深いところから癒されることになる。そして、死者の霊魂を、送るべきところへ、送らなければ、遺族はほんとうには癒されない。私たちは、この順序を正しく認識しなければならない。

しつこいようだが、霊魂の存在を認めないと、葬式は成り立たない。霊魂の存在を認めないで葬式をいとなむのは、送りとどけるべき対象がないことを知りながら、あたかも送りとどけるがごとく振る舞うことになる。宅配便がなにも運ばないで料金を請求したら、詐欺《さぎ》になる。それと似た話になってしまう。

学問仏教の成果を成果として認めるのは、まったくかまわない。当然の措置である。しかし、少なくとも葬式に限っては、学問仏教に惑わされてはいけない。たかだか明治以降の歴史しかもたない学問仏教よりも、日本仏教の長きにわたる伝統を重視すべきである。

したがって、僧侶の方々は、葬式をいとなむにあたり、死者の霊魂が実在することを、会葬者に向かって、堂々と宣言すべきである。浄土はかくかくしかじかのところにあり、如来はかくかくしかじかのところにおられます、と確信をもって語るべきである。それが、信仰というものであり、葬式仏教をきちんとした葬式仏教たらしめる第一歩になる。葬式仏教がきちんとした葬式仏教たりうれば、仏教の未来はけっして暗くない。

第12章　団塊の世代と仏教

なにかと話題の……

このところ、団塊《だんかい》の世代がなにかと話題になっている。私も過日、とある新聞社から、「団塊世代の宗教観」というような趣旨の取材をうけた。

先刻ご承知とおもうが、念のために申し上げると、団塊の世代とは、第二次大戦後の数年間の、いわゆるベビーブームの間に生まれた世代をいう。つまり、昭和二二年（一九四七）から同二六年（一九五一）ころまでに、この世に生をうけた人々である。

この時期、過酷だった戦争からようやく解放されて、日本人は空前の大繁殖をおこなった。人口統計によれば、この時期に生まれた人の数は八〇〇万人を超え、その直前よりも約二〇％、その直後よりも約二六％も多いのである。ちなみに、最近の三年間の出生数は三五〇万人ほどだから、団塊の世代に比べれば、二分の一以下にすぎない。

年代別の人口構成をあらわすグラフを見ても、この時期だけ、横に大きく張り出していて、文字どおり、「団塊」という表現を実感させる。ちなみに、団塊の世代の次に、人口構成のグラフで突出しているのは、団塊の世代の子どもたちの世代で、その影響力はまことに大きい。かつて堺屋太一氏がこの大集団に「団塊」と命名したのは、まさに正鵠《せいこく》を射ていたといっていい。

こういう団塊の世代が、二〇〇七年から二〇一〇年にかけて、いっせいに定年退職を迎える。そのため、年金制度に大きな負担がかかるとか、長年にわたって彼らが蓄積してきた技術や能力や人脈が失われるとか、巷間いろいろと取り沙汰されていて、「二〇〇七年問題」という言葉さえ使われている。

団塊の世代に対する評価は、当然ながら、まだ定まっていない。「自己主張が強いかとおもえば、横並びの意識も強い」やら「経済的な恩恵をいちばん受けてきたのに、精神主義を強要する」やら、批判的な言辞もよく耳にするが、どの世代にも短所と長所はあるもので、評価にはある程度、時間が必要だろう。いまの時点で「こうだ！」と決めつけるのは、酷というより、不当ですらある。

なにしろ、団塊の世代が体験してきた時代は、あまりにも変化が激しかった。とりわけ価値観や政治状況の変化は、戦前・戦中の世代に勝るとも劣らないくらい、激しかった。たとえば、六〇年安保闘争の激動ぶりは、いまとなっては想像することもむずかしい。

私自身は昭和二八年（一九五三）の生まれなので、世代的には「ポスト団塊の世代」に属する。学生時代は学園闘争の末期にあたり、七〇年安保闘争の片鱗《へんりん》くらいは体験した。大学の構内には、反米・反政府・反帝国主義の立て看板が林立し、「われわれは闘うぞ！」「マルクス万歳！」といったたぐいの言葉であふれかえっていた。路線をめぐる対立から内ゲバが頻発《ひんぱつ》し、殺人事件もあった。アジ演説もデモも日常茶飯で、殺伐《さつばつ》としていながら、妙にハイで、どこか活気のある毎日だった。

このての話を、大学の授業でしても、いまどきの大学生には想像もできないらしい。たしかに、新宿争乱事件のように、極左勢力が国鉄新宿駅を暴力的に占拠し、連日にわたって電車の運行が止められるなど、現時点ではまさに夢物語としかおもえないのだろう。

唯物論的な価値観

以上のような時代を経験してきた団塊の世代は、例外はあるにせよ、基本的に唯物論的な価値観をもっている。その理由は、おおむね二つある。

一つは、経済至上主義である。第二次世界大戦に負けたのは物量の差であり、つまるところ経済力の差であるという認識から、なによりも経済を重視する施策と価値観が主流をかたちづくってきた。

政治的にも憲法第九条そのほかの規定から、軍事に大きな力をそそぐこともできなくなり、というかその必要がなくなり、全国民があげて経済に没頭することができた。そして、経済が向上すると、それに並行して、個人的な生活環境も、物質的に目に見えて豊かになっていったので、働きがいがあった。ちゃんと働けば豊かになれる。これが、団塊の世代にとって、価値観の基本にある。

もう一つは、思想面における唯物論の流行である。戦前・戦中の天皇崇拝やあまりにも独善的な精神主義に対する反動もあって、戦後の思想界は唯物論にほぼ塗りつぶされてしまった。共産主義・社会主義こそ全人類にとって未来への希望であり、それを否定する者は反動の烙印《らくいん》を押された。団塊の世代が生まれたころは、明日にでも革命が起こって、共産主義の政権が誕生するかもしれないと、多くの文化人や学問人たちが、本気で信じていた。

団塊の世代が青年期を迎えた一九六〇年代になっても、状況は大差なかった。ご多分に漏れず、私も高校生のころには、マルクスを読み、サルトルを読んだ。きちんと理解できていたかどうか、はなはだ怪しいかぎりだが、彼らの著作を読むことが、社会に貢献できる大人になるための第一歩というほどの認識があったから、一生懸命に読んだ。

大学ではまず日本史を専攻したが、ここでも主流は圧倒的に唯物論だった。歴史を研究する目的は、なによりもマルクスの理論が正しいことを確認するためだった。江戸時代の小さな村の経済状態を分析して、そこにもマルクスの理論が貫徹《かんてつ》され、ひいては世界中の至るところに、マルクスの理論が適用できると証明することが、至上の命題だった。それが「人民とともに、未来への道を切り開く知識人の役割」だったのだ。

マルクス主義では、物質的な基礎が人々の意識を規定することになっている。経済的な発展が、持つ者と持たざる者という階級間の矛盾を増大させ、ついには階級間に熾烈な闘争が勃発《ぼっぱつ》し、長きにわたる闘争の末に、労働者階級が最終の勝利をおさめることが予言されている。ようするに、ここでも経済がなによりも重視されるのである。

こうして、いうならば右と左の両陣営から、唯物論的な価値観、経済至上主義はお墨付きをもらえた。こう考えてくると、団塊の世代が唯物論的な価値観に立脚し、経済至上主義を信奉してきたのも、まったくもって無理からぬことにおもえてくる。

宗教への関心はない？

となれば、団塊の世代が、唯物論の対極に位置する宗教なるものに、反発したり、あるいは関心すらいだかないとしても、ごく自然な成り行きである。現に団塊の世代のなかには、宗教なんぞ糞喰らえ！　と豪語する人も少なくない。

だから、前章で論じた葬式も、その例に漏《も》れない。団塊の世代にしてみれば、人の死にまつわる荘重な行為も、冠婚葬祭とひとならべにされて、俗世間を波風立てずに渡っていくために、致し方なくお付き合いせざるをえない儀式、もしくは手続きにすぎないように見える。

そんなこんなで、団塊の世代が宗教にまったく関心がないかというと、どうやらそうともいい切れないところがあって、話がむずかしい。たとえば、出版界では、団塊の世代をターゲットにした宗教関連の書籍がかなり出されていて、成功をおさめている例もけっこうある。有名作家を道案内にした古寺巡礼の週刊書籍は、毎週、数一〇万部も売れたと聞く。もともとその作家のファンだった人々だけではとうていとどかない数字で、仏教寺院そのものに対する関心がなければ、こうは売れない。

私も某新聞社が企画した宗教絡みの週刊書籍に依頼されて原稿を書いたが、当初は一〇万部も売れれば御《おん》の字という話だったのが、毎週、予想を上回って売れた。般若心経にかかわる書物も続々と出版されていて、なかには大ベストセラーになっているものもある。

私事がつづいて恐縮だが、私が早稲田大学のオープンカレッジ（一般の方々を対象として、早稲田大学エクステンションセンターが企画運営する有料講座）で、一年間にわたって開催した仏教関連の講座には、五〇名を超える受講者があった。一講座の規模としては、最大級の人数である。そして、私の講座を受講された方々も、その中心は団塊の世代とそのもう一つ上の世代に属している。

仏教に目覚める可能性

ということは、団塊の世代のなかにも、宗教に深い関心をいだいている人々が少なからずいるということになる。実際に、講座を受講している方々とお話ししていても、それがよくわかる。

いままでは「宗教なんか糞喰らえ！」とおもっていたのに、最近になって、なぜだか自分でも説明しがたいが、とみに興味が湧いたとおっしゃる方がいる。定年退職を間近にひかえ、「おれの人生もあと、二〇数年。仕事もなくなって、どうやってすごそう」と考えたら、急に精神的な価値を求めたくなったという方もいる。配偶者を亡くされて、心のなかにぽっかり穴があいたような気がして、仏教を勉強してみたくなったという方もあった。

さらに、イスラム原理主義をはじめ、世界中で宗教勢力が台頭し、各地で熾烈《しれつ》な闘争を繰り広げている現状を見ていて、宗教の重要性に目覚めた方もいる。定年退職もすぐだし、子どもも独《ひと》り立ちしたし、生活にも多少の余裕があるから、「じゃあ、日本で宗教といえば、やっぱり仏教かな？」ということで、仏教を学びはじめたという。

ちなみに、団塊の世代に限らず、日本の中間層は、伝統仏教を、宗教としてよりも、まずは伝統文化の一環として、受け入れる傾向が強い。その反対に、いかにも宗教宗教している宗教に対しては、強い警戒心をもっている。したがって、いわゆる新宗教にはすこぶる冷たい。その点、伝統仏教は安心してかかわっていける対象なのである。

こういう方々と話をしていると、団塊の世代は宗教、とくに仏教と触れあったり向き合ったりする機会がなかっただけではないのか。良いきっかけさえあれば、仏教に関心をいだくのはさほどむずかしくないのではないか、とおもえてくる。

ちょっと失礼な表現だが、仏教に対してうぶな分、いったん受け入れると、その後は真面目かつ熱心である。このへんは、団塊の世代の気質とうまく合うのかもしれない。

お坊さんは敬遠される？

ただし、団塊の世代のなかに、仏教に関心をいだく人はいても、僧侶に対してはあまり良い印象をいだいていない人が多いことも、疑えない事実である。理由はいろいろある。前章でも述べたとおり、墓地や戒名をめぐって、葬式仏教に対して義憤や軽蔑感をいだいている場合も多い。そもそも僧侶とのあいだに、日常的な付き合いがないから、相手のことをよく知らず、漠然と変な格好をしている変な人種と感じている場合も少なくない。

そういえば、売れている書物にも、共通項が一つある。それは、作者が仏教界の人物ではないという点である。小説家であったり、生物学者であったり、脳生理学者であったりと、他の分野からの参入者が多い。

もちろん、例外はある。瀬戸内寂聴さんや玄侑宗久さんのように、立派な僧侶でも、書く本書く本が増刷を重ねている方もある。しかし、この場合でも、小説家である事実が先行しているのであって、小説家が僧侶になったゆえに、売れているとみなしたほうがいい。玄侑さんの場合はお寺の出身だが、若いころから小説家志向があって、僧侶になられたのは、そのあとといういきさつがある。

では、なぜ、作者が仏教界の人物ではない本のほうが、売れるのか。そのわけは三つほどあるとおもう。

まず第一に指摘できるのは、視点が斬新な点である。古色蒼然、カビの生えた説教調でないところがうけている。仏教の専門家からすれば、どうかな？　と首をかしげる点がないではないが、そんなことに誰も頓着しない。

第二に、伝統仏教が説くところと、最新の科学が到達しつつあるところが、一致するという点も、大いに影響している。それでなくても、日本人の多くには科学を信奉する傾向が多々ある。やや皮肉っぽくいうなら、科学信仰と仏教信仰が一致するからこそ、これは信じて良いと考える人が多いのである。

第三に、その領域の権威とみなされる方が執筆している点も無視できない。それぞれの専門領域ですでに立派な業績を上げている方が書いているのだから、きっと内容的にすぐれているにちがいないと考えるのは、ごく当然の成り行きである。

修行が大事

そもそも団塊の世代は、まじめな勉強家がとても多い。昨今の若者とは、そこが違う。私の講座にお出《い》での方々も、ただ単に教わるだけでなく、ご自分でよく勉強しておられる。こちらが準備不足だと、とたんに「それ、間違っているんじゃないですか？」と突っ込まれかねない。

いまは昔と違って、一般向けの啓蒙書はもとより、そうとうに高度な書物まで、簡単に手に入る。さきほどあげた早稲田大学のオープンカレッジなど、さまざまな講座で、大学の教師たちが、専門領域の知識を一般向けに講義している。その気にさえなれば、仏教に関する高度な知識をえるのも、そうむずかしくはない。

すなわち、知識の領域では、僧侶の側が、もはや太刀打ちできないくらいの一般の方々も少なくないのである。旧態依然として下手な対応をすれば、たちまちやりこめられてしまう。そうなると、いくら伝統を誇っても、何の役にも立ちはしない。

とここに至って、僧侶の側にとるべき方策はあるのか、という話になる。むろん、ある。僧侶にだけできて、一般の方々ではとうていできないことをなせばいい。

それは、なにか。答えは、修行である。一般の方々ではとうていできないような、きびしい修行こそ、これからの日本仏教が重視すべき分野にほかならない。

そして、そういうきびしい修行の現場に、一般の方々を導き入れて、その修行がいかにきびしいものであるか。その成果が、いかにすばらしいものであるか。それを、たとえ片鱗《へんりん》でも実体験していただければ、僧侶に対する畏敬の念は、おのずから湧いてくる。

実体験できるか否かが鍵

実例をあげよう。私の講座では、年に三回、トラベルスタディーと称して、伝統仏教の現場を、二泊三日くらいの日程で訪れる。この前は、吉野の金峯山寺《きんぷせんじ》、熊野の青岸渡寺《せいがんとじ》、高野山を訪れた。いずれの場合も、観光目的で訪れるのではない。朝夕の勤行《ごんぎょう》に参加し、可能であれば、修行の一端なりとも実体験する。

早朝、四時前に起きて、朝の勤行に参加することもある。季節によっては、まだ真っ暗で、勤行が終わって、境内をそぞろ歩きしているときに、東の空に日が昇ってくることもある。そういうときの感動は、文字どおり筆舌に尽くしがたい。みなさん声をそろえて、「ああ、来てよかった。朝早く起きた甲斐があった」とおっしゃる。

年末には、高野山の伝燈大阿闍梨《あじゃり》の方にとくにお願いして、夜間、三時間半をかけて、十一面観音の息災護摩を焚《た》いていただいた。氷点下という過酷な寒さのなかだったにもかかわらず、三五名にも及ぶ参加者は、良い意味の緊張感につつまれたまま、じっと坐りつづけ、簡略化されない、本来あるべきすがたの護摩を、如実に実体験した。

おわったあと、「護摩とはこれほど力のあるものだったのか！」「じつに良い体験ができた」という感想が聞かれた。しかも、翌週、講座に出てこられた方々の顔が晴れ晴れとして、足取りもはるかに軽くなっていると、今回は残念ながら参加できなかった受講者から聞いた。実際に、護摩を体験された方々のなかから、このところ悩みつづけていたことが吹っ切れたとか、ほんとうに良い供養ができたと実感して、心の底から嬉しくなったという話を耳にしたから、顔が晴れ晴れとして、足取りもはるかに軽くなったというのも、そらごとではない。

このように、団塊の世代であろうとなかろうと、深い体験をすることができれば、そのとき、伝統仏教に対する関心が生まれてくる。僧侶に対する畏敬の念も、ごく自然に湧いてくる。

そのためには、まずもって、僧侶が、仏教者としての、もっとはっきりいえば、仏教のプロフェッショナルとしての自覚をもって、きびしい修行にいそしみ、自身の心身を鍛《きた》え上げる必要がある。修行なしに、仏教の未来はないと私はおもう。

第13章　団塊の世代と「心の闇」

激増する高齢者犯罪

この小見出しを目にして、とまどう読者が多いかもしれない。「激増する高齢者犯罪」というのはなにかの間違いで、ほんとうは「激増する少年犯罪」ではないのか？　とおもう方もいるにちがいない。

残念ながら、この小見出しは正しい。平成一六年度の刑法犯罪統計によれば、六五歳以上の高齢者の摘発は、前年比で一四・八％増の四万二〇九九人にのぼった。一九九〇年以降では最多を記録し、全検挙者数の一割を超えてしまった。

一〇年前と比べると、約四倍という激増ぶりである。高齢者の犯罪者率も、人口一〇万人当たり一六四・九人と跳ね上がっている。凶悪化も深刻で、殺人が一〇年前の三倍以上になっている。

六四歳以下では、同じ期間に九％減っているから、高齢者犯罪の凶悪化はとくに目立つ。

ちなみに、少年の摘発は、同じく前年比では八・三％減の一二万三七一五人だった。第1章ですでに指摘してきたとおり、少年犯罪は激増どころか、むしろ減少しているのである。

一昨年一年間に全国の警察が認知した刑法犯そのものも、前年より二九万件以上少ない二二六万九二九三件。減少率も、記録の残っている一九四六年以降では、最も高い一一・五％だった。中身でいうと、凶悪犯（殺人・強盗・放火・強姦）が、前年比一三・〇％減の約一万一〇〇〇件となり、なかでも強盗と放火が大きく減っている。

こういう数字を見ると、マスコミやジャーナリズムの報道をとおして、私たちがいだきがちなイメージとはなはだ異なって、刑法犯罪は確実に減少している。ただし、昭和四〇年代は、年平均にして一二〇万件ほどだったから、まだ倍近い。したがって、昭和四〇年代を基準にすれば、安全とはいいがたい。このあたりに私たちが安全を「体感」できていない原因の一つがある。

それにしても、全体として明らかに減少傾向にある刑法犯罪が、六五歳以上の高齢者にかぎっては、逆に激増しつつあるという事実は、考えさせられる。日本の「良識」のにない手だったはずの世代に、犯罪者が激増しているという事実は、いったいなにを物語っているのだろうか。

自殺も多い高齢者

六五歳以上の高齢者は、自殺率も高い。ご存じのとおり、そして本書でもすでに取り上げてきたとおり、日本の自殺率はかなり高い。

一九二〇年代から後の統計を見ると、とても興味深い事実に気付く。日本が戦争状態に突入した一九三五年から、自殺率は下がってくる。底は一九四〇年前後で、敗戦とともに上昇する。このあたりの現象は、戦時に付き物の、精神的な高揚感と関係があるのかもしれない。

自殺率がピークに達したのは、一九五五年である。その後、自殺率は徐々に下がって、一九六五年から七〇年までは、低い状態で推移した。高度成長にともなう経済生活の向上や医療制度、保険制度の充実が原因らしい。

ところが、一九七〇年を過ぎたころから、また上昇に転じ、八五年に高い数値に到達する。そのあとは、下がったり上がったりして、一九九五年に急激な上昇をしめす。九九年には、一九五五年の数値を超えて戦後最悪の数値が記録された。その後も、一時ほどの急上昇はないものの、引きつづき上昇傾向をしめしたまま、今日に至っている。

高齢者の自殺率は、敗戦の直後がピークだった。その率は驚くべきもので、全年代の平均値を、六五歳から六九歳では四倍以上、八〇歳以上ではなんと八倍も上回っていた。

一般的に高齢者の自殺は、体が弱くなって、自力で稼ぐことが困難になることから来る生活の不安、ならびに高齢になるにつれて襲いかかる病苦が、主な原因とされる。敗戦の直後の場合は、それらにくわえ、食糧事情の悪さや、戦争で大事な子どもたちを失った悲しみが、高齢者の自殺率をひじょうに高い数値にしたのだろう。

幸いその後は、かなり急角度で下がってきていた。とはいっても、全年代の平均値をはるかに上回っている点は、以前と変わらない。そして、一九九五年からは、再び急上昇する。バブル崩壊後の社会的な矛盾が、ひときわひどいかたちで、高齢者に襲いかかっている証拠にちがいない。

この一〇年間に、六五歳以上の高齢者は、犯罪を起こす者は激増するわ、自殺する者は増えるわ、とんでもない状態にある。まだ確定的なことはいえないが、ひょっとしたら、犯罪の激増と自殺の増加は、同じ根から生じている可能性もある。

団塊の世代の未来は？

さて、団塊の世代である。現在の日本で、もっとも自殺率が高いのは、じつは五五歳から五九歳の世代だ。まさに団塊の世代にほかならない。ということは、それでなくても自殺率が高い六五歳以上に達したとき、団塊の世代の自殺率が恐ろしい値になるのは、容易に想像がつく。あまりいいたくないが、犯罪についても、同じことが想像される。

となると、団塊の世代の未来は、どう考えても明るくはない。

しかし、未来は明るくない！　と悲観していても、どうしようもない。なんとかして、明るい方向へみちびいていく方策を考え出さなければならない。とくに、仏教がいかに寄与できるか、具体的になにをなすべきか、それを真剣に考える必要がある。

そのためには、まずこういう悲惨な状態が生じた原因を究明し、対処する方策を模索しなければならない。むろん、原因は一つとは限らない。むしろ複数の原因が複雑にからんでいるとみなすほうが、たぶん当たっている。ただ、そうはいっても、主たる原因はあるはずだ。

誰でもすぐ気付くのは、一九九五年を境に、状況が急激に悪化したという事実である。あらためておもい起こすまでもなく、一九九五年は大事件が相次いだ年だった。一月一七日に阪神大震災、三月二〇日にはオウム真理教による地下鉄サリン事件が起こっている。

いまから見れば、これらの大事件は、日本が大きな変動期を迎える予兆だったのかもしれない。

当時、親しくしている精神科医の加藤清先生は、私に向かって、「どうやら地獄の釜の蓋が開いたようだね」とおっしゃったが、予言は不幸なことに、みごと的中してしまった。

バブル経済が崩壊したのが、その四年前の一九九一年。その後の日本は、いわゆる平成不況の状態に落ち込んだ。問題の一九九五年にはかなり持ち直したものの、それもつかのま、政府の経済施策の失敗によって、経済は再び落ち込む。企業の倒産やリストラが相次いだ。

こういう時期に、先頭に立っていたのが、団塊の世代だった。かれらは高度経済成長期の後半に登場して日本経済をにない、さらにバブル経済のころにはその恩恵をいちばん享受した。そのころまでは、働けば、働いただけの見返りがちゃんとあった。だから、猛烈に働いた。文字どおり、「猛烈社員」という言葉は、団塊の世代とその少し上の世代に属している。異論もあろうが、少なくともここまで、団塊の世代の履歴は、いわば成功者の履歴だった。

ところが、バブル崩壊後、事態は一変した。栄光の日々は遠く去り、かつての成功者は、もはや成功者とは呼ばれなくなった。働いても働いても、労苦はむくわれず、にもかかわらず、仕事はきつくなるばかりである。リストラで首になる人も続出した。

それでも、苦労ばかりしていた世代なら、まだ堪えられるかもしれない。ところが、団塊の世代には、かつては成功者だった履歴がある。いまの不遇は、ひとしお身に染みるにちがいない。そう考えれば、団塊の世代のなかに、絶望感や虚無感が生まれたとしても、不思議ではない。

心身をむしばむうつと貧困化

当然ながら、心身はむしばまれていく。うつが蔓延《まんえん》する。そのうつが、やがて自殺の引き金となる。精神科医によれば、自殺者の三分の二くらいに、うつ症状が見られるという。

ひとくちに「うつ」といっても、範囲は広い。気分が滅入る程度の症状から、さらに悪化して、集中力が低下したまま、睡眠障害や食欲減退などの症状がつねにともない、絶望感にさいなまれる本格的なうつ病まで、さまざまである。

本格的なうつ病になると、「気持ちを強くもって」とか「精神の問題だ」などといっていては、けっして治らない。人間の意欲や心身のバランスをつかさどる脳内情報伝達物質が激減してしまっているので、ただ心身を休ませれば治るというわけにはいかず、精神科医による治療が欠かせない。

ここで問題になってくるのは、高齢者のうつである。一般的に、高齢者の約一五パーセントにうつ症状が見られ、約五パーセントは本格的なうつ病にかかっているとみなされている。自殺者の三分の二くらいに、うつ症状が見られることはすでに述べたが、高齢者の自殺に関しては、その割合はずっと高く、ほとんどすべてにうつが疑われるともいう。

団塊の世代はまもなく退職して、統計的というか物理的というか、ともかく世間の色分けでいえば、数年をへずして、高齢者の仲間入りをする。もともと過酷な状況にさらされつづけてきて、うつになりやすい人々が多い団塊の世代だから、以前の世代にもまして、うつに苦しむ可能性がきわめて高い。

経済的にも、高齢者は追いつめられつつある。犯罪のうちで、窃盗の比率が、他の年代に比べて多いのも、そのせいといわれる。おそらく、団塊の世代も、遠からず同じ様相を呈するだろう。高齢者の犯罪で、凶悪化とともに目立つのは、殺人の対象に配偶者が多いという点である。長いあいだ、連れ添ってきた妻や夫を殺害してしまうのは、あまりに悲しい。経済的な貧窮がもたらす将来への不安、年々衰える身体、孤立化などが、その背景にあるにちがいないにしても、やりきれないおもいである。

乱用される「心の闇」

ようするに、高齢者予備軍ともいえる団塊の世代がかかえる問題は、経済的な領域と精神病理的な領域の両方にまたがっている。そして、この両方の領域から、精神的な荒廃がもたらされ、そのすぐ向こうに悲惨な状況の到来が予想されるということである。

このうち、経済的な領域については、仏教界が寄与できる余地はほとんどない。もし、寄与できるとすれば、精神病理的な領域になる。とはいっても、仏教者は精神科医ではないから、病気になってしまった方々の治療ができるわけではない。

じゃあ、なんにもできないではないか！　とあきらめるのはまだ早い。精神病理学的な領域で発症することを食い止める方策はある。近年の研究成果によれば、精神病理学的な領域で発症する原因は、ほかの病気と同じように、遺伝的な素質と環境の双方にあるという事実がわかっている。仮に、遺伝的な素質があったとしても、環境が良ければ、発症する可能性は低い。つまり、予防的な措置を講じることができれば、かなりの割合で、発症を防げるのである。ここに、仏教が寄与できる余地が生じる。

この点に関して、私が特に強調したいのは、「心の闇」という表現の乱用を止めよ！　ということである。年代にかかわらず、殺人など、凶悪かつ重大な犯罪が起こったとき、必ず始まるのが犯罪者の心理的な解析である。なぜ、彼や彼女が、かくも凶悪かつ重大な犯罪をおこなってしまったのか、それを犯罪者の内面という観点から追い求めようとする。

しかし、犯罪者の内面が、そう簡単にわかるはずがない。私はこれまで宗教絡みの裁判にかかわってきた経緯から、幾人かの弁護士さんとお付き合いがあって、犯罪者の内面について話をうかがう機会がある。その経験からいうと、たとえば「殺意」の認定はとてもむずかしい。犯罪をおこなった当事者ですら、そのとき殺意があったかどうか、認識できていないケースも多いらしい。大概の場合、人を殺すときは、めちゃくちゃな精神状態になっていて、記憶も定かでない。そこで、仕方なく、あらかじめ凶器を用意していたから、「殺意」があったというぐあいに、認定されると聞く。

近ごろ、よく話題になる精神鑑定も、一般の方々が考えているほどの確度はない。宮崎勤の場合などは、三人の精神科医が、三通りの異なった鑑定をしているほどだ。これでは、なにが真実か、皆目《かいもく》わからない。

そして、こういうむずかしい事態に遭遇すると、マスコミ・ジャーナリズムは決まって「心の闇」という表現をつかう。私はこの「心の闇」という表現が好きではない。使うべきではないとすらおもう。

なぜなら、そこには、人間の内面は、心理学なり精神医学なり、はたまた医学なり社会学なりの、いわば近代的な学問や研究によって、隅から隅まで理解できるという、すこぶる傲慢《ごうまん》な考え方が前提にあるからだ。いうなれば、それは虚妄にすぎない。

むろん、それらの成果が無意味とはいえない。それどころか、人間理解や生活の向上に大いに寄与しているとおもう。したがって、成果を役立てることに、異論はない。だから、私も長年にわたって、精神科医との協力関係にもとづいて、不登校や引きこもりを未然に防ぐ運動をはじめ、いろいろな活動をしてきている。

では、なにが悪いのかというと、近代的な学問や研究によって、人間の内面がすべてわかるという発想に、強烈な違和感を感じているのである。しかも、理解できないとなれば、とたんに「心の闇」というレッテルを貼って、文字どおりブラックボックスに封じ込め、判断停止の状態になるのが、じつに良くないとおもうのだ。

仏教の寄与できる領域

考えてみれば、そもそも宗教とは「心の闇」を対象領域としてきたのではなかったか。少なくとも、ブッダ以来、仏教はそうだったと私は考える。とすれば、仏教者とは「心の闇」に関する専門家でなければならない。近代的な学問や研究によっては究明できず、マスコミ・ジャーナリズムが判断停止した、まさにその地点から向こうがわの領域に、敢然《かんぜん》と挑まなければならないのではないか。

ここまで述べてきたとおり、団塊の世代は深刻な問題をたくさんかかえている。しかし、このままでいくと、問題を深く追求していけばいくほど、近代的な学問や研究によっては解明できない領域が広がっていくにちがいない。それに「心の闇」というレッテルを貼って、判断停止することはゆるされない。だからこそ、仏教者は、人間の心はそう簡単にはわからないという前提に立ったうえで、仏教が寄与できる領域を模索し、具体的な実践をおこなっていかなければならない。

さらにいえば、仏教はもとより、宗教の主たる役割は、事態の詮索や究明にあるのではない。悩み苦しむ人々の救済にあるはずだ。宗教に類似した近代的な学問や研究の代表とされる哲学や倫理学と、宗教との根本的な違いは、そこにある。哲学や倫理学があくまで知的な理解にとどまるのに対し、宗教は心身両面にわたる救済をめざす。ことに仏教は、その道のエキスパートだったはずである。

二五〇〇年近くにもおよぶ仏教の歴史を俯瞰《ふかん》してみれば、仏教における救済は、なにも厳しい難行苦行の果てにおとずれるとはかぎらないことがわかる。易行もまた、おおいにけっこうである。難易にかかわらず、その人のおもいさえ凝結すれば、「救われた!」と感じる可能性が出てくる。たとえ一瞬でも、「救われた!」とおもった人は、そう簡単には自殺などしない。ましてや、犯罪にはしったりはしない。念仏を称える。題目を唱える。護摩焚きに参加する。できれば、一人でなく、誰かほかの人といっしょに、仏教のいとなみにくわわる。それだけで、救われる人が必ずいる。

いちばん望ましいのは、信頼できる人といっしょに、寺に詣で、古い巡礼道を歩くことかもしれない。私の体験では、古い巡礼道には、かつてそこを敬虔《けいけん》な気持ちで歩いた人々のおもいが残っているらしく、現代人でもいつのまにか、敬虔な気持ちになっていることがある。その敬虔な気持ちこそ、やがて救済につながっていく。

こういうときに、下手な説教などせずに、ただひたすらいっしょに歩いてくれる仏教者はいないものか。私の待望は、そこにある。

第14章　アニメ仏教学の冒険

若年層に仏教を広めるには

ここでは、若年層に仏教を広めるためには、どうしたら良いか？　考えてみたい。これまで論じてきた団塊《だんかい》の世代をめぐる問題もひじょうに深刻だが、今後の仏教を展望するとき、若年層対策もまた、まことに大きな問題である。

そのための、まずはとっかかりとして、アニミズムとアニメと仏教の関係を取り上げた。今回お話しする内容は、私がこの一〇年ほどの間、自分で実践してみて、顕著な効果を上げてきたものだ。ぜひとも参考にしていただきたい。

草木国土悉皆成仏

「草木《そうもく》また成《じょう》ず、いかにいわんや有情《うじょう》をや」（空海『吽字義《うんじぎ》』）
「峰の色　谷のひびきも　皆ながら　我が釈迦牟尼の声と姿と」（「道歌《どうか》」道元）
「墻壁瓦礫《しょうへきがりゃく》これ心なり」（道元『正法眼蔵』「身心学道」）
「草木の上に色心《しきしん》因果を置かずんば木画の像を本尊に恃《たの》み奉ること無益なり」（日蓮『観心本尊抄《かんじんほんぞんしょう》』）

ここにあげた祖師たちの言葉はどれも、この世の森羅万象《しんらばんしょう》が成仏の可能性を宿しているという考え方、すなわち「草木国土悉皆成仏《そうもくこくどしっかいじょうぶつ》」の思想を語っている。この思想は、ほかにも日本仏教の随所に見出せる。

例をあげれば、一遍が『一遍上人語録』（「消息法語」）のなかで、「山川草木、ことごとく念仏ならざるものはなくなる。吹く風すらも念仏となり、寄せ来る波の音までが念仏となる」と述べているのも、どこか深いところで、草木国土悉皆成仏の思想とつながっている気がする。あるいは、臨済禅の一休さんが、一夜、烏《からす》のカアーカアー鳴くのを聞いて悟ったという逸話も、その背後に、同じく草木国土悉皆成仏につながる感性があったゆえではないか。

「草木国土悉皆成仏」という思想の凄《すさ》まじいところは、成仏が生命体に限定されていない点である。この世のありとあらゆるものが仏になりうるという。土くれも石ころも瓦礫《がれき》も、流れる河の水も谷間を吹く風すらも、成仏する可能性を宿していると説く。

ご存じのように、仏教には、人間のあいだにも、成仏の可能性に関して、差別があるとみなす考え方もあった。典型は、唯識派が唱えた「五姓各別《ごしょうかくべつ》」である。人間には生まれつき資質に大きな違いがあり、菩薩のような上位の聖者になれる者は限られているとみなす。それどころか、なんど輪廻転生を繰り返そうと、成仏の可能性がまったくない「一闡提《いっせんだい》（イッチャンティカ＝断善根）」すら、想定されていた。

三蔵法師こと玄奘《げんじょう》が、万里の難路を越え、命懸けでわざわざインドまで行ったのも、この学説が正しいか否か、確かめることが、目的の一つだった。ちなみに、ようやくナーランダー大僧院に到着した玄奘が、そのころインド第一の大学者とうたわれていたシーラバドラ（戒賢）に早速、この問いを発したところ、その答えは「五姓各別は真実」というものだった。後世、玄奘を祖とする法相宗《ほっそうしゅう》が権大乗《ごんだいじょう》、つまり小乗仏教と大乗仏教の中間的な存在で、ほんとうの大乗仏教ではないと論難された理由はここにある。

日本仏教では、最澄が生涯をかけて追求した「一乗か三乗か」という課題も、こういう路線対立の延長線上に位置している。そして、「一乗か三乗か」という論争の、さらに延長線上に「草木国土悉皆成仏」という思想が来る。ここまで来ると、一乗か三乗かという論争など、文字どおりぶっ飛んでしまう。それくらい、強烈な表明である。

異なる「常識」

しかし、以上のような日本仏教の「常識」は前にも述べたがチベット仏教では理解されない。なぜなら、インド仏教の正統な後継者を自任するチベット仏教の「常識」では、成仏は基本的に動物に限られ、植物はもとより、土くれや石ころや瓦礫《がれき》をはじめとする無生命体は、はじめから勘定に入っていないからである。

ごく大ざっぱなことをいうと、インド仏教やチベット仏教の主流派は、動物しか成仏の可能性はないとみなす。それに対して、中国仏教や日本仏教では森羅万象ことごとくに、成仏の可能性を認める。私流の用語をおゆるしいただけば、東アジア仏教は、なにごとにつけても鷹揚《おうよう》で、成仏の可能性をきわめて広く解釈している。ついでにいっておくと、戒律の面でも東アジア仏教はいたって鷹揚で、インド仏教やチベット仏教、あるいは南方系の仏教に比べれば、規制は無きに等しい。

戒律の件はともかく、森羅万象に成仏の可能性を認めるという発想は、元祖のインド仏教はそうではなかったのだから、そこに仏教以外の要素が混じっていることを予想させる。たとえば、中国の道教思想とか日本の神道思想、もしくはそれらをさかのぼる「古代の思想」である。それを、仏教の純粋さを犯す夾雑物《きょうざつぶつ》とみなすか、仏教のさらなる発展とみなすか。意見は分かれるにちがいない。

この点に関して、私は古典的な文献を駆使して教義論争をしようとはおもわない。そういうことは、えらい学者先生におまかせする。むしろ、私は、いま現在、そして未来の地球環境にとって、森羅万象に成仏の可能性を認めるという発想と、いや森羅万象に成仏の可能性を認めないという発想の、いずれがより大きく貢献できるか？　を論じるべきだと考える。

こう考えれば、答えはおのずから出てくる。森羅万象に成仏の可能性を認めるという発想のほうが良いに決まっている。そもそも現在の環境破壊は、キリスト教に代表される極端な人間中心主義がその原点にある。この事実を見れば、動物にしか成仏の可能性を認めず、いいかえれば動物しか救済の対象としないような発想では困る。植物はもちろん、土くれも石ころも瓦礫も、流れる河の水も谷間を吹く風にすら、成仏の可能性を認め、救済の対象とするような発想であって、はじめて地球環境は守れるからだ。

その教義の緻密さや修行法の効果の点で、チベット仏教は日本仏教にまさっているかもしれない。しかし、いま世界が求めている環境をどう守るか？　という、より本質的かつ緊急を要する課題に関しては、日本仏教のほうがチベット仏教よりも、はるかにすぐれていると私は確信する。

日本仏教とアニミズム

さきほど、日本仏教が「草木国土悉皆成仏」を説くようになった背景には、仏教以外の要素の影響があると述べた。具体的には、中国の道教思想とか日本の神道思想、もしくはそれらをさかのぼる「古代の思想」とも述べた。

このなかで私が最も注目するのは、「古代の思想」と仮に名付けたものである。この思想こそ、外来思想にほかならなかった中国の道教を受け入れ、神道思想をはぐくみ、仏教を受容する母胎となったものだ。それを、宗教学ではアニミズム（animism）とよぶ。

このアニミズムというのは、古代ローマ帝国の言葉だったラテン語のアニマ（anima）が語源になっている。anima は「霊魂」とか「息」を意味する。英語で「動物」を意味するアニマル（animal）も、同じように、アニマが語源である。

仏教が大陸から輸入されるはるか以前から、日本人は、この世にあるほとんどすべてのものに魂が宿っていると考えていた。動物はもちろん、草にも樹木にも、山や川にも魂がある。ふつうは生命体とはいえない石ころにも雲にも、みんなちゃんと魂がある……。こういう、考え方というより、感性は確実に縄文時代までさかのぼる。

結論だけをいってしまえば、私たちのご先祖は、こういう感性を母胎として、大陸から輸入されてきた仏教を受容し、さらには自分たちの感性に合うように、教義すらも変容させてきた。その結果が「草木国土悉皆成仏」だったのだ。乱暴な表現を使うなら、日本仏教の中核は、きわめて高度に大乗仏教化されたアニミズムにあるといえる。

むろん、日本仏教は、長い歴史の過程で、多種多様な発展を遂げてきた。したがって、なかにはアニミズム的な要素がごく少ない宗派もないではない。ただ、そういう宗派でも、個々の信者がつどう日常的な現場、とりわけ霊魂観にまつわる領域では、アニミズム的な要素が案外、少なくない。

こう考えてくると、もし仮に日本仏教をいまいちど多くの人々に広めようとするならば、アニミズムを導入の原点にするのも、一つの方法にちがいない。しかも、現代日本には、アニミズムを、わかりやすく、しかも深い共感をもって、描くことにかけては、世界に冠たる人物がいる。あらためて指摘するまでもない。宮崎駿《はやお》氏である。

きっかけ

「宮崎アニメを宗教学や人類学の入門に利用してみようかとおもう」私がこういうと、大学の同僚たちは皆そろって、「何だ、それは？」という顔をした。いまから一〇年ほど前の話である。

その頃、私はあまり勉学に熱心ではない某女子大の学生たちを相手に、悪戦苦闘していた。担当していた宗教学や人類学を、しきたりどおり「それでは最初に学問の定義から……」などとやっていた日には、ほとんどの学生が聞く耳をもたない。「なに、それ？」である。

こういう状況はなにも私に限ったことではなかった。しかし、同僚たちの多くは「なにしろ学生のレヴェルがレヴェルだからねえ」と、したり顔をするのがせいぜいで、勉学が進まないのは学生たちの責任と公言してはばからなかった。

そうだろうか。教師のがわにも問題があるのではないか。従来のアカデミズムの方法論をそのまま踏襲していても、いまどきの学生たちには迂遠《うえん》なのではないか。いまという時代に合った方法論を創造する必要があるのではないか。

そう考えた私は、まず学問への入門や導入に工夫を凝らすことにした。基本的なコンセプトは、とにかく間口を広く、垣根を低くすることだった。学生たちが学問に「楽しい！　おもしろい！」と興味や関心を示してくれれば、しめたものだ。あとはどうにでもなる。

このコンセプトにもとづいて、さまざまな試行錯誤がはじまった。その結果が、宮崎アニメを宗教学や人類学の入門に利用することだったのである。

もっとも、試行錯誤の結果といえば聞こえは良いが、実態は彼女たちの興味や関心を引きそうなものをとにかく片っ端から試してみたにすぎない。そして、数あるなかから、二つだけが顕著な成果を上げた。

一つが、いま話題にしている宮崎アニメであり、もう一つがいま評判の「マンダラ塗り絵」だった。この二つは、その後、教鞭をとる大学が変わっても、ずっと続けていて、どこでも大きな成果を上げてきている。

具体例をというなら、かつて私が教えた学生のなかから、某有名国立大学で宗教学の博士号を取得する者まで出ている。過去を暴露するようで申しわけないが、彼女の場合、初めて会った頃は、英語の試験はほぼ零点、他の教科も成績最低だった。それがいまではサンスクリットを自在に読みこなすのだから、変われば変わるものである。ようするに、大切なのはきっかけなのだ。

宮崎アニメの使い方

では、少し具体的に宮崎アニメの使い方をお話ししよう。

ひとくちに宮崎アニメといってもたくさんあるが、アニミズムを学ぶとき、いちばん使いやすいのは『千と千尋の神隠し』や『となりのトトロ』である。

まず最初に、話をこうもっていく。『千と千尋の神隠し』みたいな作品をアニメというけれど、アニメもanimaという言葉が語源になっていると指摘する。アニメは英語のアニメーション（animation）を短く縮めた言葉で、animationは、animateという動詞・形容詞の名詞形。animateは、動詞としては「生命をあたえる」とか「生かす」という意味で、形容詞としては「生きている」という意味をもっている。だから、animationを直訳すると、「生命をあたえられたもの」という意味になり、ふつうは、「動画」と意訳していると説明する。

このアニマ（anima）に、「考え方」とか「思想」とか「信仰」を意味するイズムismを付けると、アニミズムanimismという言葉が生まれる。ようするに、「万物に霊魂が宿っている、という考え方」とか「万物に宿っている霊魂に対する信仰」だ……。

こういう内容を、『千と千尋の神隠し』や『となりのトトロ』を見せながら講義する。とくに『千と千尋の神隠し』で、湯屋《ゆや》に日本全国のさまざまな神さまたちが湯治にやってきて、おもいに湯につかり、賑やかに宴会を開いているシーンなどは、アニミズムがじつにうまく表現されている。だから、おもいのほか簡単に納得してくれる。

『となりのトトロ』だったら、まずトトロの正体がクスノキの樹霊だと指摘する。さらに、クスノキは「奇《くす》しい木」、すなわち「神々しい木」で、古代から日本人は聖なる樹木として崇《あが》めてきたと教える。

その証拠に、飛鳥時代に作られた日本最初の木彫の仏像は、広隆寺の弥勒菩薩像を除くと、百済《くだら》観音像や救世《くせ》観音像をはじめ、ことごとくクスノキに彫られている。『日本書紀』の欽明天皇一四年の条にも、いまの大阪湾に流れついたクスノキで仏像を造らせたという記事があると教える。ここで、仏教とアニミズムがうまくむすびつく。こうすれば、仏教とアニミズムの関係がとてもわかりやすくなって、誰でもすんなり入っていける。

以上のように話を進めていけば、老若男女を問わず、関心を示してくれる。現に、私が母校の中学で、一年生と二年生全員を対象に、『千と千尋の神隠し』を使ってアニミズムを講義したところ、とても好評だった。はじめる前は、中学生ではいささか難しいかな？　と危惧していたが、それは杞憂に終わった。一時間半に及ぶ講義中、眠る者もなく――大学生や大人のほうがよほどよく眠る――、熱心に耳を傾けてくれた。

それでも、どれくらい理解してもらえたか、ちょっと心配だった。ところが、事後に提出された感想文を読んで、この心配も必要ないことがわかった。感想文の内容が、私が教鞭をとってきた慶應義塾大学や早稲田大学の学生たちが書いたものと、あまり変わらなかったからだ。ようするに、私がアニミズムについて理解して欲しかったことがらのほとんどを、中学生たちはきちんと理解していたのである。坐禅などの修行体験でも痛感することだが、子どもを軽んじてはならない。理解力に欠けていて、おまけにだらしがないのは、むしろ大人のほうである。

エヴァンゲリオンの衝撃

宮崎駿氏に比べれば、やや知名度に劣るかもしれないが、若者に対する影響力において、優《まさ》るとも劣らないアニメ監督が、庵野《あんの》秀明と押井守の両氏である。代表作をあげれば、庵野氏が『エヴァンゲリオン』、押井氏が『GHOST IN THE SHELL』や『イノセンス』となる。

年代的には、庵野氏が四〇歳代、押井氏が五〇歳代だから、六〇歳を超えた宮崎氏を最年長に、一〇歳くらいずつずれている。このずれぐあいがじつに絶妙で、それぞれが描き出してきた対象も関心も、重なる部分と重ならない部分が、うまいぐあいに機能している。

まず、庵野秀明氏の代表作、『エヴァンゲリオン』をとりあげよう。この作品は、アニメ史上、最大の衝撃作といっていい。

その登場は、一九九五年一〇月四日。テレビ東京の、いわゆるお子さま向け、三〇分枠、週一回放映の連続アニメとしてだった。そして、翌年の一九九六年三月二七日放映の、第二六話をもって完結したはずだった。

ところが、最終回の展開に、一部の熱狂的なファンが納得しなかった。監督の庵野氏にも、同じおもいがあったのだろう。その結果、今度は新たに劇場版が制作されることとなる。その劇場版は、一九九七年七月に、『Air』と『まごころを、君に』というタイトルで公開された。

しかし、『エヴァンゲリオン』はまだ終わらなかった。一九九八年三月には、物語の全体を網羅的に編集した『EVANGELION：DEATH（TRUE）2』と題する劇場版までが公開されるに至る。

こういういきさつから予想されるとおり、正直いって、『エヴァンゲリオン』は難解である。一度見て、すぐにわかるという内容ではない。

それでも、最初のうちは、まだ理解の範囲内にあった。エヴァとよばれる巨大メカ―ロボットに見えるが、じつは人工生命体―に、一四歳のいたいけな少年少女が搭乗して、使徒とよばれるわけのわからない強大な敵と戦う、SFアクションものとして、受け入れることができたからだ。

しかし、話が進むにつれて、そうはいかなくなる。主人公たちの内面が、赤裸々にさらけ出されるようになっていったためである。はっきりいって、制作者が暴走しはじめたとしかいいようがない。どう見ても、お子さま向けの枠とはおもえない、深刻かつ衝撃的な場面が続出するようになる。もしも現時点だったら、放映の許可が絶対に出ないだろうとおもわれる衝撃的な描写も、多々ある。この難解さと衝撃性は、一部に拒絶反応を生むとともに、一部に熱狂的なファンを生み出した。

人格障害の典型例

『エヴァンゲリオン』は、簡単にいえば、行き詰まりつつある人類を、根本から変容させるために、「人類補完計画」なるものが発動され、それを妨げるべく、どこからともなく襲来する一七の使徒と、エヴァに人類の未来を託す人々とのあいだで、激烈な戦闘が展開される、そういう物語である。荒唐無稽《こうとうむけい》といえば、まったく荒唐無稽の極みともいえる。「人類補完計画」なるものも、全人類を一度抹殺して、すべて液状化させ、一体化させるという、とんでもない筋書きである。

しかし、このとんでもない筋書きだからこそ、表現できたこともある。このへんは、リアルな物語が、必ずしもリアルな現実を表現できず、むしろ荒唐無稽なファンタジーのほうが、リアルな現実を表現できることもあるという、表現に特有の性質がかかわっている。

もう少し具体的に指摘すれば、とんでもない筋書きを介して、現実の日本社会がかかえる難問が、とても端的なかたちで表現されているのだ。とりわけ、多発する人格障害にまつわる表現において、『エヴァンゲリオン』は傑出していると私はおもう。

人格障害については、第1章の前半ですでにかなり詳しく論じた。ようするに、人格の極端な偏りによって、本人も社会も損害をこうむらざるをえない精神上の障害にほかならない。ほとんどのケースは、先天的な異常ではなく、後天的な環境、とくに幼少時期の母子関係にその原因があると考えられている。

最近、とみに多発している異様な犯罪の犯人に、人格障害の疑いがかけられている。幼児性愛者やレイプ犯の場合、その人物が人格障害におちいっている場合がほとんどだという説もある。また、極端に自己中心的な、いわゆる「困った人」の多くも、人格障害である可能性が高い。そこまではいかないまでも、不登校や引きこもり、あるいはニートなど、社会的不適応も、人格障害の影響が想定されている。

この問題を、アニメという大衆的なメディアをとおして、もっとも早くとりあげたのが、まさに『エヴァンゲリオン』だった。主人公の碇シンジ、アスカ・ラングレー、葛城ミサト、赤木リツコ、そして人類補完計画の総司令にほかならない碇ゲンドウまでが、人格障害的な人物として、描き出されているのだ。

シンジもアスカも

これらの登場人物は、内面にひじょうに強い不安をかかえて、生きている。シンジは、自分に自信がなく、誰に対してもおどおどして、いつも心を閉じている。アスカも、自己顕示欲が強烈な反面、ほんとうの意味では自分に対する自信がない。その自信のなさが、彼女の言動を、常軌を逸するくらい、極端なものにする。

かれらに比べれば、はるかに年長者のミサトもリツコも、その内面はほとんど変わらない。一人の女性として、自分が熱愛する男性から、自分が彼を愛しているのと同じように、愛されることを望むが、さまざまなわだかまりから、それを成就できず、自暴自棄的な生き方しかできない。碇ゲンドウにいたっては、自分が誰かから愛されることなど、はじめから放棄している。

かれらの多くは、母親に見捨てられ、もしくは母親を早期に失い、十分な愛情を得られなかった過去をもつ。シンジの母親は、エヴァを開発する過程で、まだ幼いシンジを残して死去。父親もエヴァ開発に熱中して、シンジをかえりみないままに、時間だけがいたずらにすぎていく。

アスカの母親もまた、エヴァ開発に時間のすべてを奪われ、あげくの果てには狂気におちいって、自殺してしまった。アスカの回想シーンで、発狂した母親から「アスカちゃん、いっしょに死んでちょうだい」とせまられ、アスカが「ママ、ママを止めないで！」と叫ぶところなど、まさに鬼気せまる。

こういう育ち方をしたアスカは、自己顕示欲が突出する極端なエゴイストに成長するが、それでいて、いつも誰かから無条件で、真に深く、愛されたいと熱望している。しかし、彼女の偏り歪んだ人格ゆえに、けっしてかなえられない。その苦しさから、いつもアスカは、心の奥底で、「こんなのは、私じゃない」とみずからのありようを否定し、その一方で、「私を見て！」とうったえつづけている。

なかでも凄まじいのは、アスカが「シンジもミサトも、みんな、大っきらい！　でも、いちばん嫌いなのは私自身！　もうがまんできない」と絶叫するシーンである。このへんは、現代日本に生きる若者たちの深い絶望を、文字どおり、体現していると私はおもう。

『エヴァンゲリオン』が、難解の極みといわれつつ、熱狂的な支持を得たのも、若者たちが、それも常識レヴェルよりは繊細な感性をはぐくみ、かなり優秀な頭脳をもつ若者たちが、登場人物に鋭く共感できたからにほかならない。その意味で、現代の若者たちがかかえる内面の問題に関心のある方は、ぜひとも『エヴァンゲリオン』をご覧いただきたい。

おそらく、ある年齢から上の方々は、その表現の強烈さに、拒否反応をしめしたり、いたたまれない気持ちをいだいたりするかもしれない。もっとひどい場合は、イライラがこうじて、「こんなアニメを、作るのはけしからん！」と怒り出す方があるかもしれない。しかし、なにゆえに、このような表現がなされ、なにゆえに若者たちの熱狂的な支持を得たのか。そのことを真剣に考えるために、『エヴァンゲリオン』がとても重要な素材である事実は、忘れないでいただきたい。

人間の条件

次は、押井守監督の作品である。代表作とされる『GHOST IN THE SHELL』も『イノセンス』も、主題は「人間の条件」にある。

ひとくちに人間の条件といっても、意味するところははなはだ広い。押井氏の場合は、人間本来の身体や脳をどのくらいまで保有していれば、人間と呼べるのか？　という点の究明に、大きな力がそそがれている。

もう少しわかりやすく押井氏の作品を整理すると、身体をすべて失っても、脳だけあれば、その人は人間と呼べるのか？　という問題になる。さらに突き詰めれば、その脳も、いったいどの部位がどれくらい残っていれば、その人は人間たりうるのか？　という地平まで、行き着く。

具体的に作品にそくしていうなら、『GHOST IN THE SHELL』や『イノセンス』のヒロインたる草薙素子は、脳以外は、ことごとく人工的な作り物である。いいかえれば、彼女はサイボーグなのだ。

同じく、ヒーローたるバトーの場合は、もっと極端である。なぜなら、かれは、脳のほんの一部を除けば、顔も胴体も手も足も、その存在のすべてが人工物からできているからだ。

こんな想定は現実にはありえない。バカバカしい、と一笑に付す方がいるだろう。ところが、そうではないのだ。アメリカの最先端医療の領域ではすでに、想像を絶する事態が生まれている。たとえば、両眼を失った人が、肉眼の代わりに、人工的なレンズとそこから入ってくる刺激を電気的に変換して脳へ伝達するシステムを装着して、視覚を回復できるようになっているのである。

臓器移植も、似た動きがある。臓器移植といえば、現在はほとんどの場合、ほかの人の臓器を移植するしかない。しかし、将来的には、人工的に作られた、もしくは培養された臓器を、移植する方向へ向かうと、予想されている。

そこまでいかないまでも、義肢や義足の急速な発展は、不自由をしのんで、やむなく使うという話ではなくなりつつある。つまり、義足で走った方が、生身の肉体を駆使して走るよりも、ずっと早い時代がすぐそこまで来ようとしている。その先に、身体のほぼすべてを人工物と取り替えて、生身の状態よりもはるかに上の身体能力を得る時代がやって来ることは、想像にかたくない。

そうなれば、まさしくサイボーグである。少なくとも、運動という領域では、生身の人間はサイボーグに勝てない。いや、運動に限らない。電脳（コンピュータ）の記憶力は、現時点ですでに、私たち生身の人間の記憶力とは、まったく別次元の高さに到達している。生身の人間とちがって、電脳はけっして忘れない。とすれば、電脳を組み込んだサイボーグは、創造性という領域を除外すれば、ほとんどすべての領域で、生身の人間を凌駕《りょうが》するにちがいない。そういう時代が、もうすぐそこに来ている。

魂のありか

そもそも『GHOST IN THE SHELL』、すなわち「頭蓋骨のなかの魂（ゴースト）」というタイトルからして、さまざまな問題をはらんでいる。ふつう、英語で「魂」あるいは「霊魂」を意味する単語は「ソウル =soul」か「スピリット =spirit」になる。それをわざわざ「ゴースト=ghost」としているのは、特別なわけがあるはずだ。

そのことをうかがわせるエピソードが、『GHOST IN THE SHELL』の結末に近い場面に登場する。結論だけいえば、草薙素子は、サイボーグとしての身体を捨て去る。のみならず、彼女が人間であることを唯一保証していたはずの、脳さえも捨て去り、精神＝情報のみから構成される新たな生命体と化して、ネットという情報の大海原に漕ぎだしていく。

それは、身体からの完全な離脱という意味において、仏教がかかげる究極の目的にほかならない解脱と、よく似た顛末である。やや飛躍するが、いっさいの限定を脱した完璧な涅槃、つまり「無余《むよ》涅槃」と、通じているような気すらする。

この点に関連して、アメリカでは法律の世界で、次のような想定が試みられている。死に瀕した人物が、その脳内の情報のすべてを、電脳にインプットできたとして、その人物が死去した場合、電脳内の情報に、人格権を認めるか否か、という課題である。もっとはっきりいってしまえば、電脳に遺産の相続権があるか否か、という問題に帰着する。これも、バカバカしいと一笑に付すことが、もはやできなくなりつつある。

最後に、押井氏が、彼ないし彼女が人間たりうるための条件として、あげているのは、その人に固有の「記憶」の有無だという点を指摘しておこう。母の記憶、父の記憶、兄弟姉妹の記憶など、その人にしかもちえない記憶。そういう記憶によってのみ、人間は人間たりうる。そう押井氏は主張する。

逆にいえば、生身の人間であっても、固有の記憶をもたない者は、人間ではない。その身体のほとんどすべてがサイボーグ化されていても、固有の記憶をもつ者は人間である。

私はこの押井氏の主張の背景に、いくら時代が変わろうと、日本人の心の奥底にひそみつづける伝統的な霊魂観を感じる。それは、モノすべてに霊魂が宿っていると認識し、仏教においては「草木国土悉皆成仏《そうもくこくどしっかいじょうぶつ》」というかたちで展開されてきた感性である。とすれば、『GHOST IN THE SHELL』や『イノセンス』から、仏教を説くことも、不可能ではないはずである。

オウム事件の衝撃

私は、いわゆるオウム裁判に深くかかわってきた。専門とする領域が宗教学であり、わけてもチベット密教の研究をつづけてきたいきさつから、裁判への協力を求められたのである。

じつは、協力を求められた専門家は、別にも複数いた。しかし、その大半は知らぬ存ぜぬを決め込み、なかには返事さえ出さなかった御仁もいた。結果的に協力したのは、私を含め、わずか三人だけだった。まことに残念ながら、学問人、研究者としての良心の所在を疑わせる顛末《てんまつ》というしかない。

オウム事件をめぐる裁判の実態は、きわめて複雑である。裁判を構成する動機と事実関係という二大要素のうち、事実関係はかなり判明しているが、動機についてはほとんど解明されていない。肝心要《かなめ》の教祖、麻原彰晃こと松本智津夫の裁判も、早晩、うち切られることは明らかで、真相は闇に消えたままになるだろう。

麻原の現状が、心神喪失に近い状態にあるのか、それとも一種の演技なのか、はわからない。関係者のなかでも、意見は割れている。いずれにせよ、麻原という人物は、常識をもってしてはとうてい推《お》しはかれない、すこぶる特殊な人格と能力の持ち主であり、その意味では、良くも悪くも、「宗教的」といわざるをえない。

事件を予見した『ＡＫＩＲＡ』

こういうオウム事件を考えるとき、非常に示唆的なアニメがある。大友克洋氏の『ＡＫＩＲＡ』である。『ＡＫＩＲＡ』には、アニメ版とコミックス版があり、コミックス版は規模の点でも内容の点でも、アニメ版とはそうとう大きく異なる。以下では、アニメ版を中心に、ときにコミックス版をまじえて、論じていきたい。

この作品の凄さは、オウム事件の事後にではなく、むしろ事前に、オウム事件を予見するようなかたちで、制作された事実にある。やや詳しくいえば、アニメの原作となったコミックスが、マンガ週刊誌に連載されはじめたのは、一九八二年の一二月。アニメ映画として劇場で公開されたのは、一九八八年のことだった。

一九八二年といえば、オウム真理教はまだ発足していない。その前身のオウム神仙の会が発足したのが一九八六年。オウム神仙の会の、さらに前身に当たるオウムの会の発足でも、一九八四年のことにすぎない。この間、麻原は一九八六年にヒマラヤで最終解脱したと称し、その翌年の一九八七年にオウム真理教が誕生した。

以上の経過を考えれば、制作にあたって、大友氏がオウム真理教をモデルにしていたはずがない。まったく逆に、オウム真理教のほうが、『AKIRA』に描かれた事態をなぞっていったとみなせるくらいである。

このあたりは、どう考えたらいいのか。

ご存じのとおり、この世で起こるいかなる事件も、その社会と無縁ではない。あらゆる事象は、なんらかの意味で社会とかかわりをもっている。二四〇〇年ほど前、インドで仏教が生まれ、広まっていったことも、当時のインド社会と深いかかわりがある。

さらにいえば、たとえどんなに反社会的な事件や事象であろうと、その社会が生み出した結果にほかならない。この意味では、オウム真理教が引き起こしたさまざまな事件もまた、現代社会の所産にほかならないといっていい。いや、オウム真理教という存在そのものが、現代社会の所産にほかならないのだ。

ようするに、大友氏は、なにもオウム真理教そのものを描き出そうとしたわけではない。しかし、一九八〇年代の日本社会がかかえ込んでいた危機的な状況を、そのすぐれた想像力を駆使して描き出した結果、オウム事件にすこぶるよく似た展開を、みずからの作品に託すことになったのではなかったか。

ちなみに、『AKIRA』は海外でも大ヒットし、日本のアニメが国際的になるきっかけとなった。もちろん、大友氏に対する評価はまさに国際的で、二〇〇五年にはフランス政府から「芸術文化勲章シュバリエ」を授与されている。

超能力者と混乱する未来社会

『AKIRA』の時代設定は、二〇一九年。第三次世界大戦後の荒廃した大都市、すなわちネオ東京が舞台である。登場人物は、時の政府や軍部の意向により、親元から切り離され、人体実験をへてむりやり超能力者にされた子どもたち。かれらの力を利用して、権力を握ろうとこころみる政治家や軍人、あるいは都市ゲリラたち。そこに、暴走族の少年たちが絡んで、物語は凄まじいばかりのスピード感に乗って展開する。

かつてなかった表現のリアルさ、緻密さ。芸能山城組にゆだねられた音楽は、かれらが得意とするアジアの民族音楽から想を得て、耳というよりも、からだ全体に響き、浸透する。大学の講義で上映したところ、この音楽に心身を揺すぶられる学生が続出し、なかには吐き気すら感じた例もあった。それくらい、強烈なのである。

タイトルにもなっているアキラは、人体実験をへてむりやり超能力者にされた子どもたちの一人で、実験施設では28号と数字で呼ばれていた。アキラのもつ力は、数ある超能力者のなかでも突出し、東京そのものを崩壊させてしまった。それゆえに、アニメ版では、アキラはからだをバラバラに解体され、冷凍保存されているという設定になっている。

いわゆる主人公は、金田正太郎。暴走族のリーダーをつとめ、健康優良不良少年を自称する。孤児院の出身で、劇中の言葉でいえば、「クズばかり集めた」高校の学生である。

その無二の友人が、島鉄雄。金田とは、孤児院以来の幼なじみであり、金田をリーダーとする暴走族のメンバーでもある。ただし、金田との関係はすこぶる微妙だ。からだは小さく、喧嘩も弱く、バイクの運転技術でも、金田の敵ではない。そのため、なんでも自分よりすぐれている金田に、ぬきがたい劣等感をいだいている。しかし、反面で、頼りになり、好きでたまらないという面ももつ。愛憎半ばするというべきかもしれない。

じつは、この鉄雄こそ、『ＡＫＩＲＡ』の真の主人公といっていい。超能力者がからむ偶然の事故で重傷を負った鉄雄は、治療の過程で、超能力に目覚める。そのとき、鉄雄の長年にわたっていだいてきた劣等感が、外部に向かって爆発する。意のままにならない者を殺し、破壊の限りを尽くす。

こういう鉄雄の性向に、麻原教祖の実像を重ね合わせるのは、私だけではあるまい。

アニメ版にない重要な人物

さきほども述べたとおり、アニメ版とコミックス版とでは、規模も内容も、相当に大きく異なっている。こと宗教という観点からすると、コミックス版のほうが、より深い。

その原因の一つは、コミックス版に新宗教の女性教祖として登場するミヤコ様の存在である。細かくいうと、アニメ版にも、宗教家である点でも容姿容貌の点でも、まったく同じ人物が登場する。

しかし、アニメ版の場合、その人物は、この乱れた世の中を根本から立て直すはずの救世主、すなわち「大覚アキラ」の出現を祈る小宗教の教祖という設定であらわれるにすぎない。しかも、鉄雄が超能力を発揮して暴れまわるさなかに、あえなくその犠牲となってしまい、とくに活躍するわけではない。

ところが、コミックス版では、全然ちがう。鉄雄が自己肥大のあげく、超能力に全人格を呑みこまれて巨大な化物に変容し、再覚醒したアキラと共鳴して、復興した東京をまたまた崩壊させようとするにおよび、それを防ぐために、かれらと敢然と対峙し、死んでいく。そこに見られるのは、一身を捧げて、多くの人々を救おうとする行為、つまり自己犠牲の極致であり、私たちが偉大な宗教家に求める要素と共通するものがある。

そして、コミックス版の『AKIRA』が『AKIRA』たりうるゆえんは、どこにあるか。その答えは、ミヤコ様もまた、かつて人体実験をへてむりやり超能力者にされた子どもたちの一人だったという設定にこそ、ある。

ミヤコ様を教祖とする教団は、きわめて禁欲的であり、悩み苦しむ民衆に対して、救いの手を惜しまない。そこには、明治維新からこのかた、近代化のかげで辛酸《しんさん》を嘗《な》めざるをえなかった民衆を救おうと、立ち上がった女性教祖の姿が幻視できる。

例をあげれば、明治時代の中頃に、極貧と苦難のなかから大本教を立ち上げた出口ナオ（一八三六～一九一八）。あるいは、第二次世界大戦後の混乱する日本で、天照皇大神宮教を開いた北村サヨ（一九〇一～六八）などの人々である。

このへんは、鉄雄が再覚醒したアキラを教祖にかつぎあげて組織化した擬似宗教教団と、明らかな対照を見せる。鉄雄が実権を握るアキラ教団は、超能力の行使による権力の拡大と、超能力にひれ伏す若者たちに対する支配に終始して、本来なら宗教がになうべき民衆の救済とはいっこうに縁がないからだ。

ご存じのとおり、大乗仏教は、「神通力」の名のもとに、超能力の存在をみとめている。とりわけ、密教や修験道では、きびしい修行に励み、その結果として神通力を獲得し、それを駆使して人々の救済に尽くすことを求めたりもする。

しかし、超能力の行使による権力の拡大や、超能力による他者の支配を正当化することは、けっしてない。また、超能力の獲得だけを、自己目的化することもけっしてない。さらにいえば、最終目標にほかならない悟りですら、大乗仏教にあっては他者救済と密接にかかわっている。

オウム真理教が、アキラ教団タイプであって、ミヤコ教団タイプではなかったことは、誰の目にも確かだ。繰り返しになるが、そういうタイプの新宗教教団が日本社会に誕生してくることを、現実に先んじて予見した『ＡＫＩＲＡ』は、やはりすぐれたアニメ作品と評価せざるをえない。

暴走する超能力者の人格

次は、超能力の問題である。

超能力に目覚めた鉄雄が、その力をもっぱら破壊にもちいて、暴走しつづけるという設定は、アニメ版でも変わらない。鉄雄は、まず個人的な恨みつらみを晴らすべく、超能力を駆使する。以前、鉄雄をバカにしたり軽く見ていた知人や友人を、ほんのちょっとしたきっかけで、殺してしまう。しかも、自分の行為を、なんら反省しない。

なにも『ＡＫＩＲＡ』にとどまらず、超能力をあつかったコミックスやアニメが、往々にして破壊にいろどられている事実は、前から気になっていた。メジャーな作品ばかりでなく、同人誌などを読んだり見たりしても、その傾向は同じである。得られた超能力を創造にむかわせる例は、むしろ皆無に近い。

なぜだろうか。

一つには、若い男性には、性欲の昂進とからんで、破壊衝動が強いという、生物学的な事実があある。ただし、それだけではない。

そもそも超能力を待望する心理の裏には、鉄雄がそうであるように、ぬきがたい劣等感がわだかまっている場合が多い。おまけに、その劣等感は、特定の個人に対してのみ、いだかれているとは限らない。不特定多数、ときには社会全般に対していだかれている場合も、少なくない。

自分を取り囲むすべての人々、すべての社会機構が敵にしか見えず、「いまに見ていろ、おれだって！」とか「なんかしてやる！」と、心のなかで、繰り返し叫んでいる若者はごまんといる。もちろん、ほとんどは心のなかで叫んでいるだけで、実行に移す例はごく稀にすぎない。

かといって、この種の恨みつらみは、そう簡単になくなりそうもない。というより、この種の性向をもつ人物は、いま現在の時点で増えつづけている。

私の目には、鉄雄はまちがいなく人格障害者に見える。親に捨てられて、孤児院で育ったという経歴は、鉄雄の人格の形成にマイナスに働いた。

しかし、同じ経歴をもつ設定になっている金田に、人格障害の兆候は見られない。いささか軽薄で、反抗心は人一倍つよいものの、個人や社会に対する恨みつらみのたぐいはもちあわせていない。この点に、私は大友克洋氏の見識を感じる。人間というものは、生育環境が同じだからといって、同じ人格が形成されるとはかぎらないからだ。

話を超能力にもどそう。仮に超能力が実在するとして、その超能力はそれをもつ者に、なんでもできる、なにをしても誰も自分を止められない、というような万能感をあたえる。それは、圧倒的な強者が弱者に対してもつ感情と、ひじょうによく似ている。

一〇数年前から日本の各地で、かなり頻繁に、小学校で飼っているウサギを惨殺する事件が起こっている。ウサギ殺しをしている少年たちの心には、まずまちがいなくいま述べた感情がある。おおぜいの小学生を殺害して死刑になった宅間守の心にも、奈良県で小学生の女の子を、暴行目的で殺害した小林薫の心にも、それはあったにちがいない。かれらは自分よりも圧倒的に弱い立場にある対象を、無惨に殺した点で、共通している。

物質主義・拝金主義と危険な兆候

麻原彰晃は、自分が超能力の持ち主であることを自任していた。

超能力うんぬんのほかにも、きわめて不幸なことに、事実関係からも、麻原やその側近たちに万能感をもたらす状況はあった。一九八〇年代の末から一九九〇年代の初頭にかけての時期、坂本弁護士一家の殺害をはじめ、数々の違法行為をなしたにもかかわらず、司直の手がおよばなかったとき、かれらは、自分たちは何をしてもけっして捕まらないという万能感を得たらしい。もし、この時点で司直が介入していれば、少なくとも松本サリン事件と地下鉄サリン事件は防げたはずで、それを考えれば、まことに残念でならない。

やがて自分たちの教団に対する批判が強まったとき、その批判の矛先《ほこさき》を転じるために、オウム真理教は松本サリン事件と地下鉄サリン事件を引き起こした。このときも、自分たちの行為はけって摘発されないという妙な自信に裏付けされていたふしがある。

『AKIRA』では、鉄雄の自己崩壊で終局をむかえる。超能力を使いすぎた鉄雄は、その反動からか、心身に異常な苦しみを招き寄せてしまう。その苦しみから逃れるために、以前から常用していた薬剤を大量に摂取し、彼の人格はいよいよ歪《ゆが》んでいく、最後には、超能力を制御する力すら失い、超能力に呑みこまれて、再覚醒したアキラと融合して、東京を再び崩壊させ、どこへともなく消え去っていった。

同じく、オウム真理教も暴発のあげく、終局をむかえた。冒頭でも論じたように、麻原の現状が、心神喪失に近い状態にあるのか、それとも一種の演技なのかは、わからない。しかし、真っ当な人格を保持しているとはとうていおもえない。そして、それは、裁判で被告になったから、自己保身のために急にそうなったというよりも、「宗教家」としての活動の全般を通じて、人格をさらに歪ませていったとみなすほうが、的を射ている気がしてならない。

鉄雄もしくは麻原のように、超能力＝神通力を追求するあまり、宗教者としてあるべき人格を、もののみごとに喪失した修行者の実例を、私は日本でもチベットでも見てきた。きびしい修行が必ずしも立派な宗教的人格をもたらすとはかぎらない。これは修行を必須とする宗教にとって、自覚すべき大事である。

こういうことを心配しなければならないのは、それなりの理由があるからだ。最近、仏教界の各所から漏れ聞くところでは、僧侶の数はほぼ微増微減だが、特定の領域に従事する僧侶の数だけは、確実に増えているという。その特定の領域とは、加持祈祷にほかならない。

ようするに、物質主義が横行し、金がすべてと断言する人物がもてはやされるご時世の背後で、人智の及ばぬ領域に対する期待は、かつてなく高まっている。つねづね述べてきたとおり、私自身は加持祈祷の有効性をみとめることにやぶさかではない。しかし、それが暴走して、『AKIRA』やオウム真理教の再来になってしまっては困る。ぜひとも心したいとおもう。

第15章　チベット仏教界の現状

一一回目の中央チベット

二〇〇六年六月の後半、中央チベットをおとずれた。これで一一回目である。ちなみに、このほかにチベット各地は、インド領のスピティ地方を一回、ネパール領を四回、おとずれている。

中央チベットというのは、その名のしめすとおり、チベットの核心部にあたり、現在は中国領となっている。都市の名前でいうと、東のラサ、西のシガツェ、西南のギャンツェなどである。

ここで、そこで見聞してきたチベット仏教界の現状を、できるだけ客観的にご報告したい。

高山病の恐ろしさ

しかし、その前に、ぜひともお話ししておきたいことがある。高山病について、である。

中央チベットの平均高度は四〇〇〇メートル。当然、高山病のおそれがある。悪化して肺水腫や脳水腫を起こすと即、死につながる。ほとんど報道はされていないが、ラサ市内でも日本人観光客の死亡例があると聞く。

ちなみに、朝日新聞の二〇〇六年七月八日付ウェブサイトによれば、この一〇年間に、ネパール・ペルー・タンザニアの三つの国で、高山病や高地障害が引き金になって病死した日本人が、少なくとも二六人いたという。この数字には、肝心のチベットが入っていない。もし、チベットにおける死亡例をくわえるとすると、その数はかなり多くなるはずだ。注意するに越したことはない。

たとえ高山病を発症しなくても、チベットくらいの高地になると、私たちのような平地育ちの人間にとっては、歩くだけでもたいへんな難行苦行になる。専門家の話では、高地に馴化《じゅんか》できるかどうかは、ほぼ先天的な体質によるようで、その原因の一つは、頚動脈のところにある動脈血中酸素濃度感知センサーの良否にかかっているという。

幸い私は高地馴化しやすい体質らしく、半日ほどでなんとか馴化できる。何度もチベットを訪れて研究できたのも、この体質に負うところが大きいにちがいない。

ただし、つねに用心は欠かさない。馴化できるまでは、けっして無理はしない。馴化したのちも、疲労を避け、いつも体調の管理に細心の注意をはらっている。

なお、私がかかわるチベット旅行では、旅行の参加者にあらかじめ詳細な健康診断書の提出をおねがいし、それを高山病に詳しい専門医に見せて、判断をあおいだうえで、旅行への参加を許可するという手続きを踏んでいる。面倒くさいうえに、お金も少なからずかかるが、こういう手続きをきちんと踏まないと、チベットでは安全が保証できないからだ。

さらに、現地に到着してからは、毎朝夕、この動脈血中酸素濃度をハイテク機器を使って計測し、高山病の発症にそなえている。しかも、予防効果のある特殊な薬剤を服用し、大量のイオン系飲料を摂取する。

ここまでする必要があるか？　という意見もあるだろうが、私の経験からすると、これでもまだ不十分なくらいだ。高山病にはとにかく、用心、用心。日本仏教とは別のタイプの仏教を知るためには、ぜひともチベットを訪れていただきたい。

しかし、それもすこやかな心身あって、はじめて可能となる。高山病になったら、元も子もない。だから、ここまでうるさくいうのである。

漢人化するチベットと巡礼者たち

高山病の話はこれくらいにして、チベット仏教界の現状について、お話ししよう。

まず目に付くのは、漢人化の激しさである。ひらたくいえば、チベット内に、中国本土から大量の漢人たちが流入している。政府そのものが「西部大開発」の名のもとに、漢人のチベット移住を奨励しているのだから、無理もない。

漢人たちがどれくらいチベット内に移住しているのか。その数を正確にしめす資料は見ていないが、一説にはチベット人と同数、別の説ではチベット人をはるかに上回る数の漢人たちが、すでに居住しているともいう。

その結果、古都ラサには近代的なビルが建ちならび、もとのたたずまいは急速に失われつつある。ひとことでいうなら、中国のごくありふれた地方都市の景観になりつつある。

たしかに、経済的にはうるおっているのだろう。その証拠に、税制の関係で日本で買うより高価なベンツのセダンやトヨタのランドクルーザーが、ラサを走り回っている。

ご存じのとおり、中国政府トップの地位にある胡錦濤《こきんとう》国家主席は、中国政府にとって最大の難問とされたチベット統治で実績を上げ、権力への道を駆け上がった経歴をもつ。それゆえに、チベットに対してそそぎ込まれる経済的な恩恵は、他の地域にも増して大きい。

チベットが経済的にうるおうのは、けっして悪いことではない。ただ、その陰で、チベット人たちが、移住してきた漢人たちに圧倒されているように見える点は、どう考えるべきだろうか。

また、チベット人たちの間でも、恩恵を享受できる者とできない者の格差が、どんどん開いていくように見える点は、どう考えるべきだろうか。

そして、なによりも気掛かりなのは、ラサを訪れる巡礼者の数が、数年前に比べると、明らかに少なくなっている事実だ。例をあげれば、巡礼者が必ず参拝するジョカン（大昭寺）の門前で五体投地する人々の数が、かなり減っている。

ちょうど私たちが訪れた時期は、「サカダワ」といって、ブッダの誕生・成道《じょうどう》・涅槃の聖なる期間に当たり、いつもなら巡礼者がひきもきらない。ところが、実態はいま述べたように、巡礼者の数がぐっと少なかった。

「なんだかおかしいな」とおもいながら、私たちは中央チベット西南部に位置する、チベット第三の都市、ギャンツェに足を延ばした。ギャンツェには長年にわたり私が研究対象としてきたペンコル・チョルテンがそびえている。この仏塔はチベット仏教史上、最高最大の仏塔として名高く、その内部には大小二万体の仏菩薩の画像・彫像、マンダラがある。

そのギャンツェで、私たちはまた驚かされた。ペンコル・チョルテンをその境内にもつペンコル・チューデ（白居寺）が、巡礼者たちであふれかえっていたのだ。その様子は、以前となんら変わらなかった。境内いっぱいに、素朴で篤い信仰が、横溢《おういつ》していた。

この現実を目《ま》の当たりにして私は、喜ぶべきか、はたまた悲しむべきか、複雑なおもいにとらわれざるをえなかった。ギャンツェも漢化しているとはいえ、まだまだラサの比ではない。漢人たちの数も、チベット人たちに遠く及ばないにちがいない。そこでは、仏教信仰がつよくたもたれている。

ということは、漢人化とともに、チベット仏教は衰退していく可能性が高いのではないか。そんなに遠くない将来、ますます漢人化されたチベットでは、仏教は観光産業の一翼をになうだけの存在に成り果て、真摯《しんし》な信仰は失われてしまうのではないか。そうおもわれてならなかった。

僧院に僧侶の数が多かった理由

また、別の面からも、チベット仏教界はまことにきびしい状況におかれている。僧侶の数そのものが、かつてに比べれば激減しているのみならず、数年前に比べても、若い世代の僧侶に優秀な人材があまり見当たらないのである。

二〇世紀の前半のころ、ラサの近郊に所在するデプン・セラ・ガンデンのゲルク派三大僧院は、少ないところで三〇〇〇、多いところでは七〇〇〇もの僧侶をかかえていた。日本には、ここまで多くの僧侶を擁する寺院はない。チベット仏教界には、この多くの僧侶に、きびしい研鑽と修行を課し、その成果を公平に評価することで、すぐれた人材を得てきた歴史がある。

この点に関して、なぜ、こんなに多くの僧侶をかかえていられたのか？ という質問をよく受ける。

その答えは、チベットに特有の歴史的ならびに社会的な要因を考えなければならないので、これだけという答えはない。しかし、チベットにおける僧侶の生活が、日本のそれに比べて、極端に質素だった事実は、みとめざるをえない。

早い話が、チベットの僧侶の場合、麦を煎《い》ってから石臼で挽《ひ》いてつくったツァンパ（麦焦がし・はったい粉）とバター茶さえあれば、生活していける。ほかには、年に一度か二度、大きな祭礼のときに、甘いバターご飯を食べるのがせいぜいで、あとは一生涯、このツァンパとバター茶しか必要ない。

これはなにも僧侶にかぎったことではなく、一般人の大半もそうだから、誰も文句はいわない。そして、チベットの僧院では、地位の上下にかかわらず、みなツァンパとバター茶で満足して、これまた誰も文句はいわない。

したがって、私の計算では、日本の僧侶一人を養う資金で、チベットの僧侶なら少なくとも一〇数人、多ければ数一〇人を養うことができる。これが、チベットの僧院がきわめて多くの僧侶をかかえてこられた理由にほかならない。

ごくふつうのチベット人のあいだでも、僧侶になれれば、一生にわたって、とにかく食うには困らないという認識があった。なにしろ、世界でも最悪の自然環境である。ちょっと天候異変でも起これば、主食の麦は実らず、たちまち飢餓につながってしまうのが、彼らの日常だった。その点、寺ならば、信仰心に厚いチベットの人々が、自分たちは食べなくても、寺にはなにをおいても尽くすので、食うに困ることはなかった。

また、僧侶になるということは、その家にとっては、口減らしの意味もあった。たとえば、兄弟が三人いれば、真ん中の子は必ず出家させた。おまけに、僧侶になれば、原則として、結婚して子供をつくることはないので、人口がむやみに増えないという利点もあった。

以上のような理由から、かつてのチベットには、その生産力を考えれば、異様なほど多くの僧侶がいたのである。

世代間のギャップ

現在のチベットでは、僧侶の多くが国から給料をもらっている。いわゆる国家公務員の扱いにほかならない。その額は個人差があるようだが、私が聞いたところでは月額にして三五〇〇円くらい。チベット地域のGDPは、先進地帯の上海の六分の一ほどで、ラサ市内の肉体労働者の月給が二五〇〇円ほどというから、この三五〇〇円という額は、けっして悪くはない。

そのせいかどうかはわからないが、若い僧侶のなかには、寺内のツァンパに飽きたらしく、市内の食堂で食事をしている者も見かける。これも、少なくとも数年前までは、ほとんどなかった現象といっていい。

もっと心配なことがある。さきほども指摘したとおり、若い僧侶の質が良いとはいえない事実である。三大僧院でも、巡礼者や観光客がいるにもかかわらず、若い僧侶たちが集まって、トランプに興じている姿を見た。およそチベット仏教の伝統的な僧侶らしくない。こういうことは、繰り返しになって恐縮だが、数年前まではなかった。

チベット仏教では、日本仏教とは異なって、論理性を重んじ、問答を盛んにおこなう伝統がある。しかし、この問答でも、状況は、悪い方向へ大きく変わっている。ようするに、観光客に見せるためのイベントかパフォーマンスに堕してしまっているのだ。真剣さは感じられず、へらへら笑いながら、遊び半分の者も少なくない。

その一方で、きびしい研鑽と修行をへた高齢の僧侶たちの数は、激減している。チベット仏教界には、一九五九年の中国による「解放」から、一九九〇年代初頭の開放政策まで、約三〇年間ほどの空白がある。この間、チベット仏教界はすこぶる難しい状況におかれ、研鑽も修行もままならなかった。

その結果、かつてのきびしい研鑽と修行をへた僧侶の年齢は、いまでは七〇歳をかるく超え、それでなくても寿命の短いチベットでは、その数は極端に少なくなっている。この方々と、つい最近になって出家したばかりの若い僧侶たちのあいだのギャップは、そう簡単には埋まらないにちがいない。

希望

それでも、チベット仏教界の現状に、希望がないわけではない。一つは、高齢ながら矍鑠《かくしゃく》たる老僧のなかに、ひときわすぐれた方々がいるからだ。もう一つは、ごく少数でもあっても、若い世代のなかに、次の時代をになうに足る特別すぐれた人材がはぐくまれつつあるからだ。彼らの、文字どおりチベット仏教を体現する人格と学識が、若い世代に影響をあたえる可能性はまだまだのこされている。

その代表が、私が初めてチベットを訪れて以来、一五年にわたるお付き合いをつづけさせていただいている、セラ寺の大長老、チャンバイ・ワンジェー師である。師は、河口慧海もちょうど一〇〇年ほど前に留学したセラ寺において、二六年の長きにわたり、法要儀礼の最高指導者として、後進をみちびいてこられた。以前は、超低音声明《しょうみょう》の天才としても、名を馳せていた。二年前に公職を引退し、いまは愛弟子のノルブさんとともに、セラ寺内の坊で、悠々自適の暮らしをしておられる。

今年（二〇〇六）、八一歳になる師は、高齢にもかかわらず、じつにお元気で、私も安心した。師は、かの文化大革命のとき、無実の罪で刑務所に収監され、一〇年間を過ごした経歴をもつ。そのあいだに過酷な拷問にさらされ、片目と片足をつぶされた。しかし、師は、過去について、恨みつらみを語ることはまったくない。むしろ、とてもユーモラスで、枯淡無欲、明るいお人柄である。

ほんとうのことをいえば、私がチベットをたびたび訪れてきた理由の一半は、師にお会いしたいためだった。私はこれまでの生涯において、チャンバイ・ワンジェー師ほどの、すばらしい仏教的人格に出会ったことがない。それほど、師は私にとって、偉大な存在である。師と出会えたことは、私の今生の幸せとおもっている。

もう一人、いまのチベット仏教界で最高の人材が、ゲルク派の総本山たるガンデン大僧院におられる。かれの名は、ニェンタク・ゲシェー。ゲシェー（博士）という名を冠するとおり、現時点におけるゲルク派最高の学問僧の一人にほかならない。

ニェンタク・ゲシェーは、まだ三八歳の若さだが、ガンデン大僧院の筆頭学僧であり、かれの弟子の二人のゲシェーとともに、ゲルク派の教学を一身になっておられる。ニェンタク・ゲシェーのすばらしさは、開祖ツォンカパ以来の伝統的な教学をになうにとどまらず、現代世界がかかえるさまざまな問題に深い関心をいだき、解決の方途をもとめつづけているところにある。

今回も同道した立正大学や慶應義塾大学の学生の質問に、懇切丁寧に答えていただいた。質問をした学生の感激ぶりは、たとえようもないくらいだった。その感激の原因は、チベットという、現代社会から見れば、辺境にありながら、しかも過酷な状況にさらされながら、現代と真っ向から向かい合っているという点だけにとどまらない。開祖ツォンカパの教えを忠実に守って、ひじょうにきびしい戒律を順守し、徹底的な禁欲と清貧の生活をつづけつつ、生涯を仏教に捧げ尽くしている人物が、ここに実在しているという事実そのものが、若者の心に感動をもたらしたことを、私は実感した。

チャンバイ・ワンジェー師やニェンタク・ゲシェーのような人物があるかぎり、チベット仏教は、今後も大きな力を発揮しつづける。そう、私は信じている。

第16章　超巨大な悪に向かい合えるのか？

チベット仏教の惨劇

前章では、チベット仏教界の現状について、ご報告した。正直にいって、チベット仏教の今後は明るくない。

こういう状況をもたらしたのは、一九五九年に始まった中国による「解放」である。この動向によって、現在に至るまでの半世紀近い時間に、チベット仏教は多大の被害をこうむりつづけてきた。

この間に、いったいどれほどの人的な被害が生じたのか。その答えは諸説ある。イギリス人権委員会の調査によれば、一五〇万人ものチベット人が、殺害・獄死・餓死の憂き目にあったという。少ない説でも、数一〇万以上のチベット人の生命が失われたようである。

チベット人が何人くらいいるのか、もしくはいたのか。その正確な数値は明らかになっていない。各種の統計や研究では、おおむね三〇〇万から四五〇万人のあいだという。

仮に、一五〇万人が死に追いやられたのであれば、総人口を三〇〇万人とすると、殺害率は二分の一。四五〇万人とすれば、三分の一に達する。少ない説の数一〇万人という説でも、五分の一から八分の一になる。

聞くだに心が重くなるが、チベット仏教はこういう現実に向かい合わなければならなかったのだ。ダライラマの活動も、こういう現実を考慮しなければ、とうてい理解できない。

では、日本の歴史と仏教の場合はどうだったか。それがここでの主題である。

日本史研究のかつての動向

じつは私は、いまでこそ、宗教学者を名乗っているが、はじめから宗教学を学んだわけではない。大学の学部時代は、東京教育大学（現在の筑波大学）で日本史を専攻していた。担当の教官は、教科書裁判で有名な家永三郎教授や、民俗学で知られた和歌森太郎教授・櫻井徳太郎教授、江戸文化研究の大家として名高い西山松之助教授といった、錚々《そうそう》たる面々だった。

そのころの日本史は、戦前の皇国史観を批判してというか、その裏返しというか、とにかく民衆こそが歴史の原動力であり、その研究こそ歴史学者に課せられた使命であるという認識が強かった。そして、いわゆる左翼系の思想が圧倒的な影響力をもっていた。マルクスの唯物史観にもとづく歴史研究こそ、歴史研究のあるべき姿であって、それ以外は歴史の進歩に逆行する反動とみなされかねなかった。

その点、東京教育大学の日本史の場合は、研究環境としては、とても、恵まれていた。もちろん、教授たち個々の思想信条は、中立的な立場から明らかに左翼的な立場まで、いろいろあった。しかし、みなそろって超一流の研究実績をもち、人格的にも高潔な方ばかりで、そのうえお互いに仲がひじょうに良かったから、学生の研究内容に、あれこれ文句をつけたり介入したりすることはまったくなかったのである。

それでも、歴史学会の一般的な傾向はぬきがたかった。研究対象は、どうしても民衆が中心になった。

いま考えても、それ自体はけっして悪いことではない。問題は、民衆はつねに善であり、民衆を搾取《さくしゅ》収奪する権力はつねに悪であるという、絶対的な前提にあった。仏教に関しても、民衆に近い仏教は善、権力に近い仏教は悪という色分けがされ、私が興味をもっていた密教などは、体制側の仏教として指弾されていた。

その歴史観では、日本の歴史のあらゆる時代を通じて、生産者である民衆は、理不尽な権力者によって、いつも過酷な収奪にさらされていた。国民の大部分を占める農民たちは、なにひとつ生産しない権力者から「百姓と菜種《なたね》は絞れば絞るほど取れる」といわれ、食うや食わずの劣悪な状態におかれていた。その劣悪な状態を突破するために、男たちはつねに一揆の計画に明け暮れていた。

ようするに、日本史は、飢餓と貧困、支配と隷従のもとにおかれた奴隷的な民衆のあえぎ声と怨念に満ちた暗黒の歴史だった。私も、多少の疑問をいだきながらも、大筋としては、こういう歴史観に沿って、ものを考えていた。「過去の日本はひどい国だったのだ！」というのが、そのころ日本史研究をこころざした学生たちの、ごく平均的な感慨だったとおもう。

鎌倉時代の成年寿命は二五歳

「過去の日本はひどい国だったのだ！」と私たちがおもい込んだのには、それなりの理由があった。たとえば、過去の日本人たちの寿命を見ると、驚くべきことがわかる。

この件を論じるにあたり、最初におことわりしておくが、以下の数字はあくまで推定値である。

過去の人口や寿命を研究対象とする歴史人口学という学問は、あらゆる学問のなかでも、もっともむずかしいものなのだ。

以上の限界をふまえたうえで、次の数値をご覧いただこう。なお、この数値は、速見融先生をはじめ、この領域の専門家の成果を、私が適宜まとめたものである。

縄文時代　男女の平均寿命　一四・六歳
弥生・古墳時代　男女の平均寿　一四・六歳
鎌倉時代　成年の平均死亡年齢　二五歳
室町時代　男女の平均寿命　一五・二歳
江戸時代　平均死亡年齢　男性＝四五・五歳　女性＝四〇・六歳
江戸時代農村住民の平均寿命　男性＝三六・八歳　女性＝二六・五歳
明治一三年　男女の平均寿命が初めて三〇歳を超えた
明治三三年　平均寿命　男性＝三八歳　女性＝三九歳
大正時代　平均寿命　男女とも　五〇歳弱
現在　男性＝七八・六歳　女性＝八五・六歳

この数値をご覧になって、はるか歴史のかなたの縄文時代や弥生時代はともかく、鎌倉時代の成年の平均寿命がわずか二五歳だった事実は、衝撃的である。この数値は、ごく最近、鎌倉市内の寺院の墓地における調査なので、信頼度は高い。つまり、日蓮や親鸞など、いわゆる鎌倉新仏教の祖師たちは、こういう過酷な現実を目の前にして、教えを説いていたのだ。

たかだか一〇〇年ちょっとしかたっていない明治三三年（一九〇〇）でも、日本人の平均寿命はまだ四〇歳に達していなかった。「人生五〇年」というのは、実感だったにちがいない。

また、このころまでは、女性のほうが寿命が短かったという点にも驚かされる。現在では、女性のほうが男性よりも七歳も長生きなので、昔からそうだったとおもい込んでいる方も多いはずだ。しかし、事実は異なる。これは出産にともなう危険が、現代とは桁《けた》違いに大きかったことに由来している。さらに、飢餓にさらされたとき、男性と女性では、体力に大きな差があり、その違いが寿命に影響したともいう。ようするに、過去の時代は、女性や幼小児にとっては、とても生きにくかったのである。

優位だったとされる男性でも、平均寿命が五〇歳を超えたのは、第二次世界大戦後の昭和二三年（一九四八）にすぎない。まだ六〇年もたっていないのだ。

外国の歴史はもっと過酷だった

ところが、外国の現状や歴史を学んでみると、その過酷さは日本の比ではないことを、文字どおりおもい知らされた。

私は縁あって、ちょうど二〇年ほど前に、二年間にわたり、韓国の大学で教鞭《きょうべん》をとった。さて、現地で朝鮮半島の歴史を学んでみると、これが凄まじいものだった。

古代では、隋と唐による高句麗侵略。中世では、モンゴル（元）による激烈な支配。近世では、秀吉による朝鮮侵略と、幾度となく外国の侵略にさらされてきた。そのたびに、人口は激減し、国土は荒れ果てた。

悲劇は現代に至っても終わらなかった。一九五〇年に勃発した朝鮮戦争では、戦いが終結するまでの三年間に、三五〇万以上ともいわれる人命が失われた。この数字は、当時の朝鮮半島に居住していた人々の数がおおよそ二七〇〇万人ほどとすれば、その一三%にもおよぶ。日本の第二次世界大戦における人命の損失は三〇〇万人を超え、全人口七二〇〇万人の四%強だから、その三倍以上の割合で人が死んだことになる。

ヨーロッパの歴史も、いたって悲惨である。激烈な人口減少を意味する「人口崩壊」を、幾度となく、経験してきた。

フランスの王位継承権をめぐって、イギリスとフランスが一三三七年から一四五三年まで争いつづけた「百年戦争」では、フランスの人口は戦前の三分の一に激減したと伝えられる。一七世紀の前半に、ドイツを舞台に、各国が覇権抗争を繰り返した三〇年戦争でも、ドイツの人口は戦前の三分の一に激減している。

こういう人口崩壊を、まことに幸せなことに、日本は経験してこなかった。

世界の人口史

この数字を見ていただきたい。なにか、おわかりだろうか。

①一億→六五億
②一五万→一・二七億
③五〇〇万→一五〇〇万

もちろん、人口の推移を示す数字である。最初の数字が、いまから三〇〇〇年ほど前。あとの数字が現代だ。

問題は、それぞれの数字が、いったいどこの国や地域をあらわしているか？　である。答えは、①が世界の総人口、②が日本人の総人口、③がユダヤ人の総人口になる。

この数字を、三〇〇〇年間にどれくらい人口が増えたか？　という設問に切り替えると、まことに興味深い値が出てくる。世界の人口が六五倍に増えているのに対して、日本人は八五〇倍にも増えている。ところが、ユダヤ人はたったの三倍にすぎない。

すなわち、日本は、世界の平均に比べれば、一三倍という数に増えていて、日本の歴史がいかに恵まれたものだったか、よくわかる。反対に、ユダヤ人たちがこうむってきた被害が、いかに大きかったかもよくわかる。

別の数字も見ていただこう。中国における人口の推移である。

三七〇〇万（前漢初期）→七〇〇〇万（前漢全盛期）→三〇〇〇万（後漢初期）→八〇〇〇万（後漢全盛期）→二〇〇〇万（三国時代）→一億（唐全盛期）→五〇〇〇万（宋初期）→八〇〇〇万（宋全盛期）→四〇〇〇万（元初期）→一億（元全盛期）→五〇〇〇万（明初期）→一億（明全盛期）→五〇〇〇万（清初期）→一・四億（清一八世紀）→四億

（清一九世紀）→四・八億（二〇世紀初）→五・四億（一九四九年）→一三億（現代）。

この推移を見ると、王朝が滅びると、人口は良くて半減、悪いときは四分の一に激減することがわかる。とりわけ、後漢が滅びて、三国時代になったときの悲惨さは、群を抜いている。みなさんがお好きな、劉備玄徳《りゅうびげんとく》や諸葛孔明《しょかつこうめい》、曹操《そうそう》といった英雄たちが縦横無尽に活躍した『三国志』の時代は、長い中国の歴史にあっても、比類のない厳しい時代だった。

しかも、この無類に悲惨な時代こそ、中国宗教の揺籃《ゆりかご》だった。道教は、この時期にあって、一つは肉体を離脱して神仙となる道を、一つは「種民」として次の時代に子孫を残すために、どうすれば確実に子どもができるか？　を必死になって説いていた。

この時代は、中国仏教にとっても、まさしく興隆期にあたっていた。南北朝の皇帝たちは、こぞって大寺院と大仏の建立にはしった。雲岡《うんこう》の石窟寺院は、その偉大な遺跡にほかならない。禅もまた、大いに栄えた。そして、この悲惨な時代を統一した隋の時代が、中国仏教史上、最大の天才ともいえる天台智顗《ちぎ》を生み出した。

こう考えれば、中国仏教は、その歴史の悲惨さのただ中から、立ち上がってきたといっていい。

超巨大な悪たち

最近の欧米社会では、コミュニズム（共産主義）とファシズムを、左右の全体主義として糾弾する動きが目立つ。これまでは建設的な意義を認められてきたコミュニズムも、ソ連が崩壊して、さまざまな資料が自由に研究できるようになった結果、プラスの面よりもマイナスの面のほうが、ずっと大きいことが明らかになりつつある。

具体的な数字をあげれば、二〇世紀において、ファシズムが原因で死に追いやられた人の数が二五〇〇万人なのに比べ、コミュニズムが原因で死に追いやられた人の数は一億人にものぼるという。四倍という凄まじさだ。

わけても、ソ連と中国の指導者だったスターリンと毛沢東の責任ははなはだ重い。スターリンは二〇〇〇万人を、毛沢東は六五〇〇万人を、死に追いやったという。

毛沢東の場合、一九五八年から一九六一年の、皮肉にも「大躍進」と称された時期に、自国民をあやまった指導により、毛沢東に対する批判を避けがちな中国共産党の官製歴史書ですら、二六〇〇万人以上も「不自然な死」に追いやったと書いている。実際には、多い説では四〇〇〇万人もが、餓死させられた。地域によっては、餓死率は五〇％を超えたという。そのあとの一九六六年から一九七六七年までつづいた「文化大革命」でも、毛沢東は、少なくとも四〇万人、多ければ一〇〇万人を死に追いやっている。

一九七五年から七八年のカンボジアでは、その毛沢東に影響されたポルポトが、やはり自国民を一〇〇万人以上も殺害した。知識人や教師はほぼすべて殺され、僧侶の大半も死をまぬがれなかった。

近年の研究によれば、ソ連が成立して、革命を輸出した中央アジアの国々では、のちのカンボジアと同じように、知識人はもとより、ただ字が読めるだけで、眼鏡をかけているだけで、よけいな知識をもつ人物、共産主義に反対する不純分子として、殺害されたことがわかっている。

スターリン、毛沢東、ヒットラー、ポルポト。こういう人物を悪と呼ばずに、誰を悪と呼ぼうか。まさに超巨大な悪たちである。

超巨大な悪を体験していない

こう見てくると、日本は人口崩壊も超巨大な悪も、経験していないことが理解できる。したがって、日本仏教もまた、人口崩壊も超巨大な悪も、経験していないことになる。

ようするに、日本仏教は、世界史上、ほとんど唯一に近いくらい、幸せな国の幸せな宗教だったのである。だから、日本仏教は、人に優しく、自然にも優しい。それらは、宗教上の違いを、戦いの口実にしがちな他の国や地域の宗教には、まず見られない美点といっていい。

しかし、同時に、今後、激烈な社会変動や超巨大な悪が出現したとき、真に向かい合えるのかどうか、気掛かりでもある。まったく体験したことのない事象に対して、人は容易には対処の方策を見出せないからだ。

たしかに、日本仏教においても、空海の『秘密曼荼羅十住心論《ひみつまんだらじゅうじゅうしんろん》』に書かれた「異生羝羊心《いしょうていようしん》」や、親鸞の「悪人正機《あくにんしょうき》」が、悪の問題を深く論じている。しかし、そこで問題になっている悪は、仏法にまだ目覚めていない人間一般が誰しもかかえている何かであって、ここまで論じてきたたぐいの超巨大な悪ではない。

考えてみれば、近代日本が経験してきたいくたびかの戦争に、仏教界が意義ある対処策を講じられなかったのも、日本仏教がこの種の悪の問題に関して、未経験だったからではないか。私はつねづね、これからの仏教は社会性をもたなければ、そう遠くない将来、過去形になってしまう危険性があると述べてきた。その社会性は、当然ながら、超巨大な悪に向かい合えるものでなければならない。

この点で、オウム真理教事件が起こったとき、日本の仏教界がほとんど沈黙に終始していたことは、残念でならない。オウム真理教は、超巨大な悪とまではいえないにせよ、現代における宗教テロリズムの先鋭だったことに、まちがいはない。いわば、日本仏教がかつて遭遇してこなかったタイプの悪である。オウム真理教クラスの悪に向かい合えないで、超巨大な悪にどう向かい合うのか。私は、自省も含め、日本仏教に問いたい。

第17章　学問仏教の限界・仏道修行の限界

社会性なき仏教に未来はない

長らくお付き合いいただいた本書もそろそろくぎりをつけて終了としたい。そこで、これまでお話ししてきた内容のなかから、とくに重要だとおもわれる点について、再確認の意味も込め、もう一度論じてみたい。

すでに再三再四、語ってきたとおり、これからの日本仏教に必要なのは、なんといっても社会性であると私は信じて疑わない。ことに日本仏教が大乗仏教であるかぎり、社会性なしに成り立つわけがない。はっきりいって、社会性なき仏教に未来はない。

その社会性との関係で、まず取り上げたいのは、学問仏教の限界と仏道修行の陥穽《かんせい》について、である。

近代仏教学の致命的な欠陥

「仏作って、魂入れず」という言葉があるが、明治維新以来の仏教学は、おおむねその路線に沿って走ってきた。仏教を研究の対象とする際は、自分の信仰とは完全に切り離して、あくまで客観的に研究し、その成果を論述しなければならなかった。頼富本宏先生（種智院大学学長）の言葉をお借りすれば、「仏教学と仏教の分裂」にほかならない。

こういう態度は、近代的な学問研究の態度としては、当然といえば当然である。西欧から輸入された科学的な思考にもとづくかぎり、なによりも客観性が尊ばれたからだ。その意味で、文句をいう筋合いではないのだろう。

しかし、仏教のみならず、宗教一般を学問研究の対象とするとき、みずからの信仰なり体験なりをまったく排除したままで、良いのだろうか。というより、なんの意味があるのだろうか。昔から伝えられた文献資料をもとに、精緻精密な学問研究の成果が上がりました、でもそのあいだに、肝心の宗教は衰退しました、というのでは、どうしようもないのではないか。

もっとも、こういう状況は、なにも仏教に限らない。キリスト教でもけっこう見られる。たとえば、かつてこういうことがあった。ある有名なキリスト教研究者の事例である。

キリスト教信仰にとって、いちばん大切なことは、イエスの「復活」である。もし仮に、イエスが復活したと人々が信じなかったならば、キリスト教は成立しなかった。これは、疑いようのない「事実」である。

ところが、その有名な学者先生は復活を否定した。さらに奇怪なのは、学問研究の上では復活を否定していながら、みずからの信仰の上では復活を信じていると告白している点だ。この自己矛盾は、いったい何なのか。

偉い学者先生が、厳密な学問研究の結果、信仰の中核にほかならない復活を否定した。これだけでも、キリスト教信仰を十分以上にゆるがす。しかも、その学者先生は、みずからの信仰としては、いまなお復活を信じているとおっしゃる。それでは、なにを信じて良いか、まるでわからない。

しかし、これを評して、人間として誠実な態度といった方がいる。しかし、この態度の、どこが誠実なのだろう。学問研究の結果として、復活を否定したのであれば、信仰の領域においても復活を否定し、ひいてはキリスト教信仰そのものを否定するほうが、よほど誠実な態度だと私はおもうのだが、どうだろう。

日本仏教でも、第二次世界大戦後、長きにわたり、一部の祖師があたかも左翼革命運動の指導者だったかのごとく論じる風潮があった。なかには、唯物論の信奉者だったかのように、称賛する論考すらあった。さすがに最近では、こういう事実誤認もはなはだしい論法は姿を消したが、学問研究の成果ではこうこうだから、現状の日本仏教はまちがっている……というたぐいの論法は、あいもかわらずまかり通っている。

混迷をきわめる霊魂観

その典型例が、霊魂観をめぐる状況である。縄文時代からこのかた、日本人の圧倒的に多くは霊魂の実在を信じ、一五〇〇年ほど前に仏教が伝来してからも、この信念はゆるがなかった。そこに横槍を入れたのが、近代的な学問仏教である。それもただ単に横槍を入れたにとどまらない。伝統的な霊魂観に致命傷をあたえてしまった。なにしろ大学の仏教学の権威と称する偉い先生方が、一方的に仏教は霊魂などみとめないとおっしゃったり本に書いたりするものだから、どの宗派でも、霊魂は実在するとはいえなくなってしまっている。

ところが、庶民信仰の次元では、縄文以来の伝統的な霊魂観がまだ生き残っている。とくに、年輩の方々には、霊魂の実在を信じている方が少なくない。いや、最近では、若年層でも、霊魂の実在をみとめる者がかなり多い。そこで、霊魂など実在しないと考える僧侶と、ぶつかってしまう。

なかでも、葬式のときに、この問題が浮上してくる。壇信徒は、死者の霊魂を浄土へちゃんと送ってくださいと念願する。ところが、霊魂の実在をみとめない僧侶は、どう対処して良いか、わからない。

だいいち、霊魂の実在をみとめないのであれば、葬式をいとなむ理由がないではないか。霊魂という送る対象をみとめないのに、葬式をいとなんだのでは、前にも述べたが、宅配便がなにも送らないで代金だけ請求するようなもので、はっきりいって、それは詐欺である。

この種の話は、宗派を問わず、各地で耳にする。壇信徒の考え方を僧侶が頭から無視して、猛反発を喰らい、寺の経営が揺らいだところがあるかとおもえば、そのへんをうやむやにして、両者がなんとなく妥協している例もある。

こういうぐあいなので、昨今の仏教界では、霊魂の問題を論じることに、いたって消極的である。臭いものに蓋をするような態度で、まことに困った事態といわざるをえない。

私自身は、こう考えている。学問仏教に惑わされてはいけない。たかだか明治以降の歴史しかもたない学問仏教よりも、日本仏教の長きにわたる伝統を重視すべきである、と。

仏教は遺物か

仏教学のこういう状況を、畏友の五條良知師（吉野金峯山寺東南院）は「仏のいない学問研究」とおっしゃる。じつに的を射た表現である。

私はこの種の学問研究の態度は、古代の遺物や遺跡を見るときの態度と、よく似ていると感じる。日本人は、遺物や遺跡が好きである。テレビをはじめ、マスメディアも大好きである。遺物や遺跡を見ながら、いたって軽い調子で、「ロマンですなあ！」と感嘆する。なぜだろうか。

その理由は、遺物や遺跡には生身の人間がいないからかもしれない。人間のいとなみがないからかもしれない。

そこにかつて、いかに悲惨な歴史があったとしても、目にしたくないような忌まわしいことがあったとしても、いまとなってはすべては過去の物語である。いま、現実に生きている人間にとっては、無害な存在にすぎない。自分たちとは関係ないのだ。だから、人々は安心して遺跡に向かい合うことができる。

ところが、現実に活動している伝統宗教となると、そうはいかない。そこには、人間のありとあらゆる局面があらわになっている。ごくたまには美しいものもないではないが、多くはきれいごとではすまない、文字どおりドロドロした領域にほかならない。

そんなところにへたに手を出したら、どうなるか、わかったものではない。避けるに越したことはない。

かくして、学問研究は、ひたすら過去に向かう。現実を見ないで、哲学や思想の面だけを追いかける。いいかえれば、仏教の上澄みの部分だけを研究の対象にして、あとはくだらないと無視する。

現実を見ないのだから、そこに社会性などあるはずがない。現に、私の周囲を見わたしても、自分の学問研究が社会性をもっているかいないか、考えたことすらない御仁が少なくないようである。

この状況は、手厳しい表現をするなら、オタク学問であり、趣味としての学問である。マルクスではないが、いわゆる近代的な学問研究の形態もまた、一九世紀から二〇世紀の市民中心の社会が生み出した歴史的な所産であって、それが永久不変である確証は、どこにもない。ましてや、オタク学問や趣味としての学問が、今後、無事に存続する保証が、いったいどこにあるのだろうか。

修行と人格

さて、次は修行と人格の関係である。この点も、私自身が裁判に深くかかわってきたオウム真理教を例にあげて、繰り返し論じてきた。

一般的には、修行を積むことで、人格もまた磨かれると考えられている。これは真実だろうか？まったく残念なことながら、私の経験では、必ずしもそうとはいい切れないようにおもう。つまり、修行を積むことで人格もまた磨かれていくことは、たしかにある。と同時に、修行をいくら積んでも人格が全然磨かれないこともある。なかには、修行を積めば積むほど、人格が磨かれるどころか、摩耗《まもう》していく場合も少なくないのである。

その悪しき典型は、まさしくオウム真理教に見られた。教祖の麻原彰晃は、修行を積むことで、かえって人格がより悪い方向に転回していったとしかおもえない。弟子たちにも、同じ傾向が見られた。師がそうなのだから、弟子がそうなるのも、無理はないかもしれない。

修行と人格の関係を考えるとき、特段の注意を要する領域がある。それは、霊力や験力と人格の関係である。霊力や験力といってわかりにくければ、神通力といってもいい。もっと現代風に噛み砕いて超能力といってもかまわない。とにかく、超自然的な力のことである。

たとえば、密教や修験道では、修行を積むことで霊力や験力が得られ、その得られた霊力や験力を使って人々の救済にあたるという構造がある。じつは、こういう構造はなにも密教や修験道に限らない。大乗仏教に広く見られる傾向である。

しかも、このところ、霊力や験力を待望する人が増えている。唯物的な考え方が蔓延し、だれもかれもが物質主義のとりこになっているかのような二一世紀にもなって、霊力や験力を待望する人が増えているというのは、なんとも不思議な事態だが、事実だから、仕方ない。私のところにも、けっこうこの種の相談が持ち込まれる。それも、高学歴で社会的な地位が高かったり、いわゆるお金持ちだったりする例が少なくない。

そういう人々の心の奥底には、ぬきがたい不安感や居ても立ってもいられない焦燥感がわだかまっているようである。そこで、霊力や験力を駆使する加持祈祷の世界を紹介してほしいという話になるらしい。ちなみに、私は、加持祈祷によって不安感や焦燥感が解消できるのであれば、それはそれで意味があると考えているので、知人をご紹介することもある。

かくして、こういう期待にこたえるべく、修験者も密教者も、なんとか験力や霊力を獲得しようと躍起になる。もちろん、験力や霊力を獲得するのは、容易ではない。きびしい修行が欠かせない。

問題は、そこにある。仮に、きびしい修行の結果、験力なり霊力なりを獲得したとしよう。そのとき、その人物は立派な人格もまた獲得しているだろうか。

私とても、是非そうあってほしいと願う。しかし、現実はそうはいかない。時として、験力や霊力は獲得したものの、肝心の人格のほうはスッカラカンという御仁にお目にかかる。それどころか、色欲や物欲、金銭欲などが、俗人にも増して旺盛な人すらいる。いわゆるエゴの塊《かたまり》である。

ひどい例では、験力や霊力が強くなればなるほど、人格がいよいよ劣等化して、動物的な欲望だけが生臭く息づいているかのようなこともないではない。どうも験力や霊力が、その人物の人格を食いつぶし、エゴを助長させていくのではないか。そうおもわざるをえないふしがある。たしかに、験力や霊力を獲得すれば、そのかなたには、俗な意味で、楽しい日々が待っている。帰依者がどんどんあらわれて、金はいくらでも入ってくる。立派な寺を建てることも、夢ではなくなる。憧れの大型ベンツにも乗れる。おまけに、黙っていても、女性信者がすり寄ってくる。色欲、物欲、金銭欲を満たすのに、事欠かなくなる。ようするに、人格を劣等化させる要素ばかりである。むろん、宗教界には、こういう誘惑に全然惑わされない立派な人格の持ち主も少なくない。ひょっとしたら、私の懸念は杞憂《きゆう》かもしれない。そうならば、日本の宗教にとって、まことにありがたいのだが、見聞するところでは、そうとも断言できないようである。

修行に逃避する人々

修行に関しては、もう一つ懸念がある。それは、社会性に欠ける人たちが修行者のなかにもいるのではないか、という問題である。

社会性に欠ける人たちが修行の世界に活路を見出し、おのれをまっとうする道を切り開いているといえば、いかにも格好が良い。ところが、実態は、修行の世界に逃避している例があるのではないか。その結果、修行を積めば積むほど、いよいよ社会性を失っていく例もないとはいい切れない。こうなると、大乗仏教が一貫して唱えてきた「上求菩提《じょうぐぼだい》　下化衆生《げけしゅじょう》」とはほど遠いものになってしまう。

こういうと、社会性なんかなくても、ひたすら修行に励んでさえいれば、「下化衆生」はともかく、「上求菩提」は実現するのではないか？　という反論もあるにちがいない。

しかし、おもい出していただきたい。そもそも大乗仏教においては、「上求菩提　下化衆生」というふうに、悟りを求めることと、生きとし生けるものすべての救済をはかることとが、不可分の関係にある。いいかえれば、他者の救済をとおして、はじめて自己の解脱がある。つまり、他者なくしては、大乗仏教の理想は実現できないのである。

そして、社会性とは、つまるところ、他者との関係である。したがって、社会性なくしては、大乗仏教の理想は実現できないことになる。こう考えてくると、社会性に欠ける人たちが、修行の世界に逃避するのは、もってのほかという結論になる。

でも、世の中には、どう努力しても、他人さまとうまくやっていけない人もいる。エゴが強すぎて、いかにあがいても、社会性とは縁がない人もいる。そういう人たちは、修行をしてはいけないのだろうか。

誤解をまねくといけないので、はっきり申し上げておくが、私は社会性に欠ける人たちには修行をさせるなといっているのではない。その逆に、ごくふつうの人たち以上に、修行をさせる必要があると考えている。

ただし、条件がある。その際の修行は、社会性をますます失う方向に進んではならないエゴを、たとえ僅かずつでも滅却していく方向に進まなくてはならない。修行をすることで、社会性を回復していくこと。それこそが、現代における修行の要諦にほかならない。

第18章　いまこそ第二の大乗仏教運動を！

なぜ多岐にわたったのか？

本書でとりあげた話題は、すこぶる多岐にわたった。ざっとあげると、以下のようになる。

精神医学にかかわるところでは、人格障害や集団自殺。死に方にかかわるところでは、ブッダ他祖師たちに学ぶ死に方、引導の渡し方と渡され方、葬式。海外の宗教にかかわるところでは、イスラム教との付き合い方やチベット仏教界の現状。現代の精神状況にかかわるところでは、団《だん》塊《かい》の世代と仏教、アニメ仏教学。学問研究と修行の陥穽《かんせい》についても論じ、また日本仏教の特質や可能性についても、自然と宗教という観点から論じた。仏教の未来を考えるうえでは、二一世紀型宗教の条件や超巨大な悪との対峙について、私なりに論じてみた。

読者の方々のなかには、とりあげた話題が多すぎるとか、焦点が定まらないと感じた向きがあるかもしれない。この点について、述べさせていただけば、こういう多岐にわたる話題の、まさにすべてに現代日本の仏教は立ち向かわなければならないと考えているからこそ、あえて話題にとりあげたとお答えしたい。

むろん、一人の仏教者がこのすべてに立ち向かわなければならないとまではいわない。また、それが可能であるともおもわない。しかし、少なくとも日本の仏教界全体としては、このすべての課題に立ち向かう必然性がある。もし、それができないというのであれば、何度も指摘したとおり、近い将来、歴史の教科書に、「かつて日本にも仏教という宗教がありました」と、過去形で書かれることになるだろう。

事態はそれくらい、切迫している。このままでいけば、あと二〇年から三〇年ほどで、いわゆる葬式仏教は衰退し、それにともなって、日本仏教もまた崩壊していく可能性が高い。この、のこされたわずかな時間のなかで、日本仏教は、まず葬式を立派に遂行して、名実ともに「葬式仏教」の名に恥じない宗教となるべきである、というのが、私の持論にほかならない。ちゃんとした「葬式仏教」になれれば、日本仏教の未来はそう暗くないはずだ。

もう一度、はっきり申し上げておく。葬式なくして、日本仏教の再興はけっしてない。ようするに、私は葬式仏教の擁護論者である。

ただし、条件はある。葬式に手抜きは絶対いけない。ましてや、葬式を金儲けの具とすることなど、愚の骨頂である。戒名に法外な金額を要求していては、仏教は世間からバカにされ、つまはじきにされるしかない。僧侶の方々には、くれぐれも心していただきたい。

てらこや活動とマンダラ塗り絵

二つほど、ご報告しておきたい。

精神科医の森下一先生を中心に、不登校・引きこもりをつくらないための活動として、鎌倉の諸宗教の方々にご尽力いただき、とりわけ鎌倉青年会議所のメンバー各位の献身的な努力によって実現した「鎌倉てらこや」が、平成一七年度の日本青年会議所全国大会において、青少年部門活動の最優秀賞を受賞した。これは、私たちの活動が全国レヴェルで認められた明らかなあかしであり、まことに喜ばしい。

てらこや活動は、いまや鎌倉のお隣の横須賀市でも、また遠く離れた広島県でも、実現している。いずれも活動の主体は、地域に根を張った伝統的な仏教寺院と仏教者たちである。宗派は、いわゆる旧仏教系もあれば、鎌倉新仏教系もあって、特定の宗派に限られてはいない。この事実は、日本の伝統仏教がいまだ清新な活力をたもちつづけている証拠といっていい。

次に、マンダラ塗り絵について、である。伝統的な智恵を現代に再生し利用する実例として、私は「マンダラ塗り絵」を推進してきた。

具体的には、一昨年（平成一七年）の一一月末に、アメリカのユング派に属す治療家が作成したマンダラ塗り絵を翻訳して出版したのを皮切りに、今年はほぼ二ヶ月に一冊というハイペースで、私自身が創作したマンダラ塗り絵を出版した。

これらの出版物は、当初の予想をはるかに超える売れ行きをしめしている。平成一八年の一〇月中旬の現時点で、一一万部を超えたのである。この数字は、仏教にかかわる出版物としては、異例というしかない。文字どおり、大ブレイクである。

もちろん、ちょうど巷で塗り絵がブームになっているという背景はあるにちがいない。それにしても、ちょっと前までは、マンダラといえば、一部のマニアしか関心をしめさなかったことをかえりみれば、驚くべき事態だ。

いささかおおげさにいえば、まさに一二〇〇年前に、空海が唐からマンダラを持ち帰って以来、マンダラがこれほど多くの人々に関心をもたれたことはなかったのではないか。下は三歳児から上は九〇歳近い高齢者までが、楽しそうにマンダラ塗り絵に色を塗っている姿を見ていると、もし空海が生きていたら、どうおもっただろうか。そんなことまで考えてしまう。

見方を変えれば、こういう事実は、現代の日本に生きる人々が、心身ともに、いかに疲れているか、いかに閉塞感に悩まされているか、を端的に物語っている。と同時に、マンダラ塗り絵のように、仏教の深い智恵にもとづく方法が、いかに人々を癒すか、を実証してくれてもいる。やはり仏教は、汲めど尽きせぬ智恵の宝庫なのである。

日本の仏教は「日本仏教」で

日本仏教を大所高所から論じるならば、私はなによりも、〝日本の仏教は「日本仏教」で行くべきある〟といいたい。すなわち、日本の仏教は、インド仏教でもなければ、チベット仏教でもない。先祖たちが、仏教初伝このかた、一五〇〇年近くにも及ぶ歴史をへてかたちづくってきた仏教であり、それこそが私たちがまもりはぐくんでいくべき仏教にほかならないといいたいのである。

これを、別の視点からいいかえれば、近代的な学問仏教の成果よりも、伝統と現場を重視しようということになる。もう少し具体的に説明するなら、緻密な実証研究の結果、ブッダの本来の仏教はこれこれしかじかのものであり、それに比べれば、日本仏教は完全にずれてしまっているから、ほんとうの仏教ではない、というような主張は、机上の空論であり、大学の研究室のなかでしか通用しない。

こういう「ブッダの本来の仏教は……」のたぐいを、私はブッダ仏教原理主義と、勝手に呼んでいる。この種の主張は、仏教界のあちらこちらに蔓延《まんえん》していて、たとえば「ブッダの本来の仏教は……」の「ブッダ」の部分を、「祖師」に置き換えて、「祖師の本来の仏教は……」になれば、祖師仏教原理主義になる。

ここで誤解をまねくといけないので、申し上げておくが、私はなにもブッダや祖師たちの教えを批判しているわけではない。私が批判したいのは、原理主義もしくは原理主義的な行動様式にほかならない。

イスラム原理主義がその典型的な例にあたるが、原理主義は往々にして、教祖の文言や行動のごく一部をとりあげて、それを恣意《しい》的に解釈したり、あるいは拡大解釈したりして、みずからの行動原理とする傾向がある。これとは異なり、そもそも仏教の場合、ブッダは既存の宗教や同時代に生まれた他の宗教に対して、無視することはあっても、強く批判したり攻撃したりすることはなかった。この事実からしても、自分たち以外の諸宗教の排撃を金科玉条としがちな原理主義とは、まったくあいいれない。

さらに、「共生」をめざすべき現代社会は、仏教の伝統的な用語でいうならば、摂受《しょうじゅ》の時代であって、折伏《しゃくぶく》の時代ではないのだ。私たち仏教者は、このことを肝に銘じ、ゆめゆめ忘れてはならない。

したがって、「ブッダに返れ」とか「祖師に帰れ」という主張と実践そのものは、はなはだ正当である。こういう主張と実践なくしては、仏教は単なるご都合宗教かご利益宗教に堕してしまう。ただし、ブッダや祖師たちが生きていた時代の状況や環境を十二分に考慮してはじめて、ブッダや祖師たちの真意がわかるという点は、強く申し上げておきたい。ごくごくわかりやすくいえば、「もし、現代にブッダや祖師たちが生きておられたら、どう考え、どう行動するだろうか？」という設問なくしては、仏教は、その宗教としての意味を失い、単なる哲学や思想に堕してしまう。

これも何回も繰り返してきたことだが、仏教は単なる哲学や思想ではない。自他の救済のための、たぐい稀な教えである。この「救済」という視点を、私たち仏教者は、なにがあろうと、けっして忘れ去ってはならないとおもう。

そして、仏教の現場において、救済を考え、かつ実践しようとするならば、日本の仏教は「日本仏教」で行くべきなのである。私もチベット仏教の研究者の一人だから、チベット仏教の素晴らしさは、よく知っている。また、チベット仏教界に、現代の日本ではほとんどお目にかかれないような立派な仏教者がおられることは、本書でも書かせていただいたとおりである。

しかし、そういうことを承知のうえで、私は、日本の仏教はあくまで「日本仏教」で行くべきなのであるといいたい。私がなによりも恐れるのは、日本仏教が、いわば根無し草になることである。日本仏教の長きにわたる歴史と伝統から遊離して、現場の人々の心情、とくに高齢者の方々の素朴な心情とまったくかけ離れた哲学や思想に成り果ててはならないのだ。

第二の大乗仏教運動

いまを去ること二五〇〇年ほど前に、仏教は誕生した。それから五〇〇年ほどして、既存の仏教を批判するかたちで、大乗仏教が興隆した。ご存じのとおり、私たちの日本仏教は、この大乗仏教の末裔《まつえい》である。

日本に、その大乗仏教が伝来してから、一五〇〇年ほどの年月が過ぎた。空海や最澄が唐から新たな仏教を導入してから、ちょうど一二〇〇年が経過した。親鸞や日蓮たちが、いわゆる鎌倉新仏教を開いてから、八〇〇年たった。

こういう歴史をながめるとき、二一世紀を迎えた日本仏教は、いままさに大転換期を迎えつつあると感じざるをえない。それは、かつて大乗仏教が興隆したときに匹敵するぐらいの、大転換期になるのではないか。第二の大乗仏教運動といってもいい。第14章でも取り上げた庵野秀明監督の『エヴァンゲリオン』風にいえば、大乗仏教の「セカンドインパクト」である。

少なくとも、私たち日本の仏教者は、これくらいの気概をもたなければならないと切におもう。もし、それができないというのであれば、何度もしつこく繰り返してきたごとく、日本仏教は死滅し、過去形で語られる存在に成り果てるだろう。

仮に、第二の大乗仏教運動が実現するとすれば、二つの要素が不可欠となるはずだ。

一つは、これまた口が酸っぱくなるほど繰り返してきたように、社会性をもつことである。社会性をもつことなしに、第二の大乗仏教運動は成り立たない。

私がつねづね残念におもうことがある。それは、現代における救済活動の面で、仏教がキリスト教にはるかに及ばない事実である。マザーテレサの事例は、いまさら指摘するまでもない。

私たちと同じ日本人のなかにも、戦火止まぬアフガニスタンで長年にわたって、本来の専門である医療のみならず、井戸を掘り、水路を開き、橋を架けて、人々からあつい尊敬を受けている方に、「ペシャワール会」の中村哲氏がいる。じつは、中村哲氏はキリスト教徒である。

また、国内でも、北海道の浦河にある「べテルの家」を拠点に、一〇〇人以上の重い統合失調症の方々とともに、法人組織をつくり、会社経営に成功して、世界でもほとんど唯一の事例と評価されている向谷地生良氏もまた、キリスト教徒である。

考えてみれば、大乗仏教は、その根本理念として、「自利利他」、すなわち「他者救済なしに自己の救済はありえない」と主張した。ただ、惜しむらくは、理念にとどまって、他者救済を実現することにはやや距離があった。

この点、私たちの日本仏教は、たとえば鎌倉時代の真言律宗がそうだったように、病人救済などに現実的な施策を講じて成功してきた歴史がある。この歴史を見つめ、まずもって社会性を徹底的に確保し、第二の大乗仏教運動を展開しようではないか。

学者や研究者のなすべき仕事

第二の大乗仏教運動にとって、不可欠な二つ目の要素は、私自身を含む学者や研究者がなすべき仕事にかかわっている。本書を終わるにあたり、自戒を込めて、論じておきたい。いま、仏教を専門的な領域とする学者や研究者にとって、まずなすべき仕事はなにか。それは、私たちの大乗仏教を、誰にでもわかりやすい言葉と論理で語ることにほかならない。

そのとき、まかりまちがっても、学者か研究者にしか理解できないような、むずかしい常套句《じょうとうく》や専門用語を使ってはならない。もし、その種の言葉をどうしても使わなければならないときは、その用語について、きちんと説明しなければならない。こういうことを怠るようでは、現代の仏教を語る資格はない。

これは、いうは易く、行うは難し、の典型である。そう簡単ではない。これに比べれば、古文献の解読をしているほうが、ずっとやさしい。しかし、あえていうが、いまは、業績、業績といって、誰も読まないような文献を相手に、それこそ重箱の隅をつつくような研究しているときではない。仏教そのものに、真っ向から挑み、現代社会と対峙するときである。

もちろん、そのためには、仏教だけ研究しているのでは無理だ。現代の宗教状況から思想状況まで、広く深く知らなければならない。とりわけ、現代キリスト教の神学について、十二分に勉強することが欠かせない。さきほど、現代における救済活動の面で、仏教がキリスト教にはるかに及ばないと述べたが、じつに残念ながら、教義学の領域でも、仏教はキリスト教にはるかに及ばない。

しかし、悲観ばかりする必要はない。たとえば、自然との共生についていえば、日本仏教は、自然との健全な関係をきずくことに失敗してきたキリスト教はおろか、いま世界中で大人気のチベット仏教よりも、はるかにすぐれた理念をもちあわせている。ただ、それを外に向かって発信することに欠けているだけである。

そして、最終的には、日本人に対してのみならず、外国人に対しても、彼らが理解できる言葉と論理で語る必要がある。それには、語学をはじめ、高度に専門的な知識がもとめられる。つまり、専門家でなければ、とてもできない。私にいわせれば、そういうことこそ、学者や研究者がなすべき仕事にほかならないのだ。

（了）

あとがきに代えて――批判から行動へ

約二年、二四回にわたる連載を終えたいま、私の脳裏には、仏教が直面している危機的な状況と、仏教が果たさなければならない重い使命の、両方について、めくるめくようなおもいが交錯している。というのも、仏教が危機にあることは誰の目にも明らかになっていながら、では、どう対処したらいいのか、その方策がまだよく見えてこないからである。

連載の中で、私なりの対処法や方策は提示したつもりだ。しかし、それらが十分であるとは、私自身、考えていない。いささか無責任のようで申しわけないが、むしろ、この連載をお読みになった方々が、それぞれの立場から、それぞれの解答を見出していただきたいと切に願っている。

何回も指摘してきたとおり、仏教界の現状をただ単に批判するだけなら、話は簡単である。現に、ひたすら批判に終始している方がいないわけではない。そういう方にいわせると、批判していれば、そのうち正しい解答がおのずから出てくるということらしいが、私にいわせると、それは文字どおり希望的観測にすぎない。批判するなら、代案を用意すること。これが批判する側の、最低限の義務といって悪ければ、最低限の礼儀であろう。それができないならば、批判する資格はない。

また、仏教界の現状に対して、これまで自分がなにをしてきたのか、この問いをもたない者に、批判する資格はない。自分が主体的にかかわることなしに、あたかも神のごとき視点から、仏教界の現状を批判することは、まさに幼児性の露呈であり、少なくともいい大人のすることではない。

現段階で必要なのは、仏教もしくは仏教界に対する無意味な批判ではなく、仏教もしくは仏教界にプラスの方向で行動することである。そして、日本仏教の日本仏教たる所以《ゆえん》にこそ、いいかえれば日本仏教の独自性にこそ、さらにいいかえれば長い歴史をとおして日本人が育んできた仏教にこそ、もっとも高い評価をあたえ、行動の指針とすべきである。以前からそうおもってきたが、連載をつづけてみて、それは確信に変わった。

単行本化するにあたり、タイトルを「仏教の可能性」から『仏教にできること』へと変更した理由も、動機は同じといっていい。可能性にとどまっているのではなく、実現へと歩を進めたいという願いから、新たな、しかもわかりやすいタイトルとしたのである。連載中はもとより、単行本にするあたっても、担当の黒神直也氏には格段のご配慮をいただいた。特に記して、御礼申し上げたい。

平成一九年　初夏　　著者

本書は、月刊『大法輪』二〇〇四年一一月号から二〇〇六年一二月号まで連載した「仏教の可能性」を改題し、単行本化したものです。

正木　晃（まさき　あきら）
１９５３年、神奈川県小田原市生まれ。筑波大学大学院博士課程修了。国際日本文化研究センター客員助教授、中京女子大学助教授などを経て、現在、慶應義塾大学で講師を勤める。専門は密教学、なかでも修行における心身変容や図像学を研究。かたわら、不登校・引きこもり、精神医学や環境問題などへの宗教からのアプローチを目指し研究・実践している。著書に『密教の可能性』（大法輪閣）、『はじめての宗教学－「風の谷のナウシカ」を読み解く』『お化けと森の宗教学－となりのトトロといっしょに学ぼう』『マンダラ塗り絵』（春秋社）、『空海の世界』（佼成出版社）、『チベット「死の修行」』（角川選書）、『立派な死』（文藝春秋）など多数。

仏教にできること－躍動する宗教へ

平成19年 6月11日　第1刷発行

著　者　正木　晃
発行人　石原大道
印刷所　三協美術印刷株式会社
製　本　株式会社 越後堂製本
発行所　有限会社 大法輪閣
東京都渋谷区東２－５－36　大泉ビル2F
TEL　(03) 5466-1401(代表)
振替　00130-8-19番

ISBN978-4-8046-1252-2　C0015　Printed in Japan